HISTÓRIA E GEOGRAFIA

MARCHA CRIANÇA

1º ANO

CB137923

Maria Teresa Marsico

Professora graduada em Letras pela Universidade Federal do Rio de Janeiro (UFRJ) e em Pedagogia pela Sociedade Unificada de Ensino Superior Augusto Motta. Atuou por mais de trinta anos como professora de Educação Infantil e Ensino Fundamental das redes municipal e particular no município do Rio de Janeiro.

Maria Elisabete Martins Antunes

Professora graduada em Letras pela Universidade Federal do Rio de Janeiro (UFRJ). Atuou durante trinta anos como professora titular em turmas do 1º ao 5º ano na rede municipal de ensino do Rio de Janeiro.

Armando Coelho de Carvalho Neto

Atua desde 1981 com alunos e professores das redes oficial e particular de ensino do Rio de Janeiro. Desenvolve pesquisas e estudos sobre metodologias e teorias modernas de aprendizado. É autor de obras didáticas para Ensino Fundamental e Educação Infantil desde 1993.

Agora você também consegue acessar o *site* exclusivo da **Coleção Marcha Criança** por meio deste QR code.

Basta fazer o *download* de um leitor QR code e posicionar a câmera de seu celular ou *tablet* como se fosse fotografar a imagem acima.

editora scipione

editora scipione

Diretoria de conteúdo e inovação pedagógica
Mário Ghio Júnior
Diretoria editorial
Lidiane Vivaldini Olo
Gerência editorial
Luiz Tonolli
Editoria de Anos Iniciais
Tatiany Telles Renó
Edição
Daniella Almeida Barroso (Boreal Edições)
Arte
Ricardo de Gan Braga (superv.),
Andréa Dellamagna (coord. de criação),
Gláucia Correa Koller (progr. visual de capa e miolo),
Yong Lee Kim (editor de arte) e
Casa de Tipos (diagram.)
Revisão
Hélia de Jesus Gonsaga (ger.), Rosângela Muricy (coord.),
Ana Curci e Heloísa Schiavo (prep.),
Gabriela Macedo de Andrade, Luís Maurício Boa Nova,
Vanessa de Paula Santos e Brenda Morais (estag.)
Iconografia
Sílvio Kligin (superv.), Claudia Bertolazzi (pesquisa),
Cesar Wolf e Fernanda Crevin (tratamento de imagem)
Ilustrações
ArtefatoZ (capa), Ilustra Cartoon, Adelmo Naccari,
Douglas Galindo e Kanton e Silvana
Cartografia
Eric Fuzii, Marcelo Seiji Hirata, Marcio Souza,
Robson Rosendo da Rocha e Allmaps

Direitos desta edição cedidos à Editora Scipione S.A.
Avenida das Nações Unidas, 7221, 3º andar, Setor D
Pinheiros – São Paulo – SP – CEP 05425-902
Tel.: 4003-3061
www.scipione.com.br / atendimento@scipione.com.br

Dados Internacionais de Catalogação na Publicação (CIP)
(Câmara Brasileira do Livro, SP, Brasil)

Marsico, Maria Teresa
Marcha criança : história e geografia, 1º ano : ensino fundamental / Maria Teresa Marsico, Maria Elisabete Martins Antunes, Armando Coelho de Carvalho Neto. – 3. ed. – São Paulo : Scipione, 2015. – (Coleção marcha criança)

Bibliografia.

1. Geografia (Ensino fundamental) 2. História (Ensino fundamental) I. Antunes, Maria Elisabete Martins. II. Carvalho Neto, Armando Coelho de. III. Título. IV. Série.

15-02854 CDD-372.89

Índice para catálogo sistemático:
1. História e geografia : Ensino fundamental 372.89

2018

ISBN 978 85 262 95766 (AL)
ISBN 978 85 262 95759 (PR)
Cód. da obra CL 738986
CAE 541 844 (AL) / 541 845 (PR)

3ª edição
5ª impressão

Impressão e acabamento
Bercrom Gráfica e Editora

Os textos sem referência
são de autoria de Teresa Marsico
e Armando Coelho.

APRESENTAÇÃO

QUERIDO ALUNO, QUERIDA ALUNA,

PREPARAMOS ESTE LIVRO COM MUITO CARINHO ESPECIALMENTE PARA VOCÊ. ELE ESTÁ REPLETO DE SITUAÇÕES E ATIVIDADES MOTIVADORAS, QUE CERTAMENTE DESPERTARÃO SEU INTERESSE E LHE PROPORCIONARÃO MUITAS DESCOBERTAS. ESPERAMOS QUE COM ELE VOCÊ ENCONTRE SATISFAÇÃO NO CONSTANTE DESAFIO DE APRENDER!

AO FINAL DE CADA UNIDADE APRESENTAMOS A SEÇÃO **IDEIAS EM AÇÃO**. NELA, VOCÊ E SEUS COLEGAS COLOCARÃO EM PRÁTICA ALGUNS DOS CONHECIMENTOS ADQUIRIDOS NO DECORRER DE SEUS ESTUDOS.

ALÉM DISSO, COMO NOVIDADE, TEMOS A SEÇÃO **O TEMA É...**, TRAZENDO PARA VOCÊ TEMAS PARA DISCUTIR, OPINAR E CONHECER MAIS. DE MODO ENVOLVENTE, ESSA SEÇÃO PREPARARÁ VOCÊ E SEUS COLEGAS PARA COMPREENDER MELHOR O MUNDO EM QUE VIVEMOS.

CRIE, OPINE, PARTICIPE, APRENDA E COLABORE PARA FAZER UM MUNDO MELHOR. E LEMBRE-SE SEMPRE DE COMPARTILHAR SEUS CONHECIMENTOS COM TODOS A SUA VOLTA.

BONS ESTUDOS E UM FORTE ABRAÇO,

MARIA TERESA, MARIA ELISABETE E ARMANDO

CONHEÇA SEU LIVRO

ESTE LIVRO ESTÁ DIVIDIDO EM DUAS PARTES: UMA DE HISTÓRIA E OUTRA DE GEOGRAFIA. VEJA A SEGUIR COMO O SEU LIVRO ESTÁ ORGANIZADO EM CADA UMA DESSAS PARTES.

UNIDADE

SEU LIVRO ESTÁ ORGANIZADO EM QUATRO UNIDADES DE HISTÓRIA E QUATRO DE GEOGRAFIA. AS ABERTURAS SÃO EM PÁGINAS DUPLAS. EM **VAMOS CONVERSAR?** VOCÊ E SEUS COLEGAS DISCUTEM ALGUMAS QUESTÕES E CONVERSAM SOBRE A IMAGEM DE ABERTURA. EM **O QUE VOU ESTUDAR?** VOCÊ ENCONTRA UM RESUMO DO QUE VAI APRENDER EM CADA UNIDADE.

ATIVIDADES

MOMENTO DE APLICAR O CONHECIMENTO NA PRÁTICA POR MEIO DE ATIVIDADES DIVERSIFICADAS.

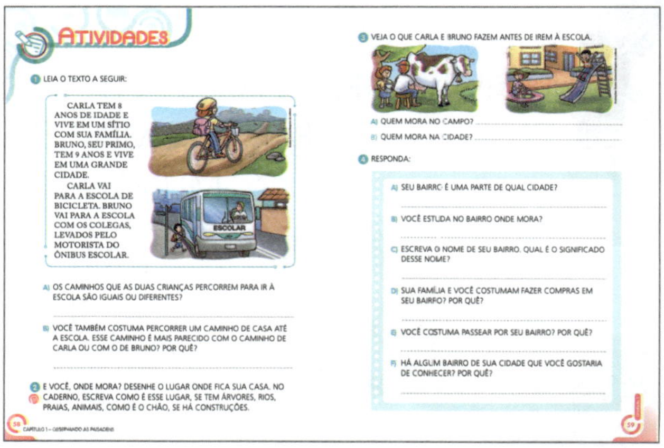

ATIVIDADES

1 LEIA O TEXTO A SEGUIR:

CARLA TEM 8 ANOS DE IDADE E VIVE EM UM SÍTIO COM SUA FAMÍLIA. BRUNO, SEU PRIMO, TEM 9 ANOS E VIVE EM UMA GRANDE CIDADE.

CARLA VAI PARA A ESCOLA DE BICICLETA. BRUNO VAI PARA A ESCOLA COM OS COLEGAS, LEVADOS PELO MOTORISTA DO ÔNIBUS ESCOLAR.

A) OS CAMINHOS QUE AS DUAS CRIANÇAS PERCORREM PARA IR À ESCOLA SÃO IGUAIS OU DIFERENTES?

B) VOCÊ TAMBÉM COSTUMA PERCORRER UM CAMINHO DE CASA ATÉ A ESCOLA. ESSE CAMINHO É MAIS PARECIDO COM O CAMINHO DE CARLA OU COM O DE BRUNO? POR QUÊ?

2 E VOCÊ, ONDE MORA? DESENHE O LUGAR ONDE FICA SUA CASA. NO CADERNO, ESCREVA COMO É ESSE LUGAR, SE TEM ÁRVORES, RIOS, PRAIAS, ANIMAIS, COMO É O CHÃO, SE HÁ CONSTRUÇÕES.

58 CAPÍTULO 1 – OBSERVANDO AS PAISAGENS

3 VEJA O QUE CARLA E BRUNO FAZEM ANTES DE IREM À ESCOLA.

A) QUEM MORA NO CAMPO?

B) QUEM MORA NA CIDADE?

4 RESPONDA:

A) SEU BAIRRO É UMA PARTE DE QUAL CIDADE?

B) VOCÊ ESTUDA NO BAIRRO ONDE MORA?

C) ESCREVA O NOME DE SEU BAIRRO. QUAL É O SIGNIFICADO DESSE NOME?

D) SUA FAMÍLIA E VOCÊ COSTUMAM FAZER COMPRAS EM SEU BAIRRO? POR QUÊ?

E) VOCÊ COSTUMA PASSEAR POR SEU BAIRRO? POR QUÊ?

F) HÁ ALGUM BAIRRO DE SUA CIDADE QUE VOCÊ GOSTARIA DE CONHECER? POR QUÊ?

59

3 SUA FAMÍLIA TEM UMA RECEITA PREFERIDA? QUE TAL COMPARTILHAR COM SEUS COLEGAS? COM A AJUDA DE UM ADULTO, PREENCHA O QUADRO A SEGUIR.

INGREDIENTES	MODO DE PREPARO

SAIBA MAIS

ARROZ E FEIJÃO

NOSSO PAÍS TEM UMA RICA CULINÁRIA. AS REGIÕES TÊM SEUS PRATOS TÍPICOS, QUE UTILIZAM OS INGREDIENTES MAIS APRECIADOS PELA POPULAÇÃO DO LUGAR. HÁ, NO ENTANTO, DOIS ALIMENTOS QUE ESTÃO PRESENTES NA MESA DA MAIOR PARTE DAS FAMÍLIAS BRASILEIRAS: O ARROZ E O FEIJÃO.

NA SUA FAMÍLIA, A COMBINAÇÃO DE ARROZ E FEIJÃO ESTÁ PRESENTE NO DIA A DIA?

75

SAIBA MAIS

SEÇÃO COM CURIOSIDADES OU INFORMAÇÕES MAIS DETALHADAS SOBRE ALGUNS TEMAS RELATIVOS ÀS DISCIPLINAS DE HISTÓRIA OU GEOGRAFIA.

O TEMA É...

O AMBIENTE FÍSICO INFLUENCIA NOSSOS HÁBITOS?

- VOCÊ CONHECE ESSES POVOS?
- AS ROUPAS DELES TÊM RELAÇÃO COM O CLIMA DO LUGAR ONDE VIVEM? QUAIS?

- VOCÊ JÁ PRECISOU ESCOLHER UMA ROUPA DE ACORDO COM A CONDIÇÃO DO TEMPO?
- E O CONTRÁRIO: VOCÊ USA ALGUMA ROUPA SEM SE PREOCUPAR COM O TEMPO?

- VOCÊ CONHECE ESSES ALIMENTOS? PESQUISE A RESPEITO DA ORIGEM DELES E COMPARTILHE COM OS COLEGAS SUAS DESCOBERTAS.
- NO MUNICÍPIO ONDE VOCÊ VIVE HÁ EXEMPLOS DE PRATOS DA CULINÁRIA QUE TÊM ORIGEM EM LUGARES DISTANTES? QUAIS?

CONVERSE COM OS ADULTOS DE SUA FAMÍLIA E PERGUNTE SE VOCÊS MANTÊM ALGUM COSTUME HERDADO DE AVÓS OU OUTROS ANTEPASSADOS. ESSE COSTUME ESTÁ RELACIONADO A ALGUMA CARACTERÍSTICA DO LOCAL DE ORIGEM DESSAS PESSOAS? COMPARTILHE SUAS DESCOBERTAS COM OS COLEGAS.

O TEMA É...

SEÇÃO QUE TRAZ TEMAS PARA VOCÊ DISCUTIR, OPINAR E APRENDER MAIS!

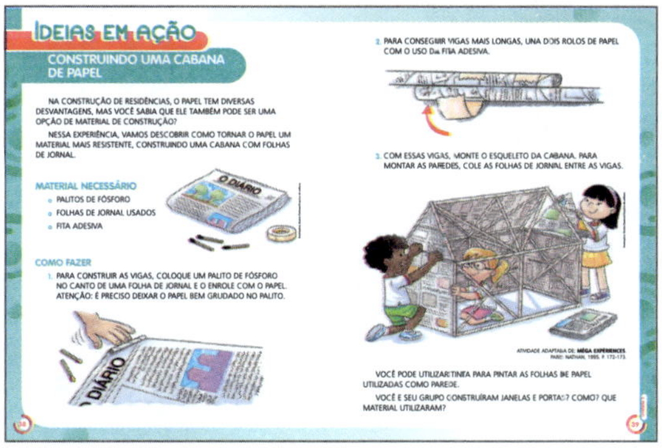

IDEIAS EM AÇÃO

ESTA SEÇÃO ENCERRA A UNIDADE.
NELA, VOCÊ FAZ EXPERIMENTOS E CONSTRÓI OBJETOS, SEGUINDO ALGUMAS ETAPAS.

SUGESTÕES PARA O ALUNO

SELEÇÃO DE LIVROS PARA COMPLEMENTAR SEUS ESTUDOS E AMPLIAR SEUS CONHECIMENTOS.

GLOSSÁRIO

PARA FACILITAR O ENTENDIMENTO, VOCÊ ENCONTRA O SIGNIFICADO DE ALGUMAS PALAVRAS NO FINAL DO LIVRO. ESSAS PALAVRAS APARECEM DESTACADAS NO TEXTO.

MATERIAIS DE APOIO

CADERNO DE CRIATIVIDADE E ALEGRIA

MATERIAL NO FINAL DO LIVRO QUE EXPLORA OS CONTEÚDOS DE HISTÓRIA E GEOGRAFIA DE FORMA LÚDICA E CRIATIVA.

ALMANAQUE DE DATAS ESPECIAIS

MATERIAL NO FINAL DO LIVRO QUE INFORMA SOBRE DATAS COMEMORATIVAS.
VOCÊ FARÁ DESCOBERTAS INCRÍVEIS COM ESSAS ATIVIDADES.

CADERNO DE MAPAS

MATERIAL AVULSO NO QUAL VOCÊ APRENDE MAIS SOBRE OS MAPAS E OUTRAS REPRESENTAÇÕES CARTOGRÁFICAS.

PÁGINA +

NO FINAL DO LIVRO, VOCÊ ENCONTRA UMA PÁGINA ESPECIAL ILUSTRADA, QUE DESTACA ALGUNS DOS ASSUNTOS EXPLORADOS NO LIVRO.

QUANDO VOCÊ ENCONTRAR ESTES ÍCONES, FIQUE ATENTO!

ATIVIDADE ORAL

ATIVIDADE NO CADERNO

ATIVIDADE EM GRUPO

OED ESTE ÍCONE INDICA OBJETOS EDUCACIONAIS DIGITAIS (OEDS) RELACIONADOS AOS CONTEÚDOS DO LIVRO. ACESSE: <WWW.MARCHACRIANCA.COM.BR>.

SUMÁRIO GERAL

ESTE LIVRO ESTÁ DIVIDIDO EM DUAS DISCIPLINAS:

HISTÓRIA

GEOGRAFIA

HISTÓRIA

SUMÁRIO

Alena Root/Shutterstock/Glow Images

Gelpi/Shutterstock/Glow Images

Picture Contact BV/Keystone

Studio 1One/Shutterstock/Glow Images

Pixtal/Glow Images

Volt Collection/Shutterstock/Glow Images

UNIDADE 3 UM LUGAR PARA MORAR..... 30

UNIDADE 4 A ESCOLA................................ 40

Marius GODOI/Shutterstock/Glow Images

wavebreakmedia/Shutterstock/Glow Images

UNIDADE 1

CADA UM É COMO É

VAMOS CONVERSAR?

- COMO SÃO AS CRIANÇAS DA ILUSTRAÇÃO?
- VOCÊ SE PARECE COM ALGUMA DELAS?

O QUE VOU ESTUDAR?

- OS NOMES E OS SOBRENOMES
- AS DIFERENÇAS DE CADA UM
- AS PREFERÊNCIAS DE CADA UM

Ilustra Cartoon/Arquivo da editora

JANAÍNA SCHINIZER
YAGO TAMASHITU KANEDA
FLÁVIA STRATCH

CAPÍTULO 1 NOME E SOBRENOME

OED

QUANDO VOCÊ NASCEU, SUA FAMÍLIA ESCOLHEU UM NOME PARA VOCÊ.

ESSE NOME É MUITO IMPORTANTE. ELE VAI ACOMPANHAR VOCÊ POR TODA A SUA VIDA.

Ilustrações: Ilustra Cartoon/Arquivo da editora

VOCÊ SABE QUEM ESCOLHEU SEU NOME? POR QUE ESSE NOME FOI ESCOLHIDO? PERGUNTE A SEUS FAMILIARES E CONTE A SEUS COLEGAS.

ALÉM DO NOME, VOCÊ TAMBÉM TEM UM SOBRENOME.

ASSIM COMO O PRIMEIRO NOME, O SOBRENOME É UMA FORMA DE IDENTIFICAÇÃO. O SEU SOBRENOME TAMBÉM É USADO POR OUTRAS PESSOAS DA SUA FAMÍLIA, NÃO É MESMO?

- O QUE ACONTECERIA SE VOCÊ NÃO TIVESSE SOBRENOME? CONTE AOS SEUS COLEGAS.

ATIVIDADES

1 PESQUISE AS INFORMAÇÕES NECESSÁRIAS PARA COMPLETAR O QUADRO ABAIXO.

O MEU NOME É ....

O MEU SOBRENOME É ....

NASCI EM ....

NO DIA .... DE .... DE ....

A MINHA MÃE CHAMA-SE ....

O NOME DO MEU PAI É ....

2 FAÇA O QUE SE PEDE.

A) COLE UMA FOTO DE QUANDO VOCÊ ERA BEBÊ. VOCÊ TAMBÉM PODE FAZER UM DESENHO.

NESTA FOTO EU TINHA .... MESES.

B) COLE UMA FOTO SUA ATUAL.

NESTA FOTO ESTOU

COM .... ANOS.

C) AGORA, OBSERVE AS DUAS FOTOS. O QUE MUDOU EM VOCÊ? CONVERSE COM OS COLEGAS.

CAPÍTULO 2
RESPEITANDO AS DIFERENÇAS

VOCÊ E OS OUTROS

VOCÊ JÁ REPAROU COMO AS PESSOAS SÃO DIFERENTES UMAS DAS OUTRAS?

LEIA O TEXTO A SEGUIR, QUE FALA SOBRE DIVERSIDADE.

Ilustra Cartoon/Arquivo da editora

CABELO CRESPO
CABELO LISO
DENTE DE LEITE
DENTE DE SISO

UM É MENINO
OUTRO É MENINA
(PODE SER GRANDE
OU PEQUENINA)

UM É BEM JOVEM
OUTRO, DE IDADE
NADA É DEFEITO
NEM QUALIDADE

TUDO É HUMANO,
BEM DIFERENTE
ASSIM, ASSADO
TODOS SÃO GENTE

CADA UM NA SUA
E NÃO FAZ MAL
DI-VER-SI-DA-DE
É QUE É LEGAL!

VAMOS, VENHAMOS
ISTO É UM FATO:
TUDO IGUALZINHO
AI, COMO É CHATO!

DIVERSIDADE, DE TATIANA BELINKY.
SÃO PAULO: QUINTETO EDITORIAL, 1999. (CAMALEÃO).

ATIVIDADES

1 LEIA A QUADRINHA E RESPONDA.

ATENÇÃO, ATENÇÃO, MINHA GENTE,
OLHA SÓ COMO SOU INTELIGENTE,
APRENDI QUE CADA UM TEM O SEU JEITO
MAS NINGUÉM É DIFERENTE!

- TODAS AS PESSOAS TÊM:

◯ O MESMO JEITO.   ◯ JEITOS DIFERENTES.

2 VOCÊ É IGUAL A OUTRA PESSOA? OBSERVE AS FOTOGRAFIAS A SEGUIR.

Studio 1One/Shutterstock/Glow Images

Gelpi/Shutterstock/Glow Images

Pixtal/Glow Images

Picture Contact BV/Keystone

A) SEUS OLHOS, SEU CABELO, SEU ROSTO, SEU JEITO DE SER SÃO IGUAIS AOS DE ALGUÉM? SÃO PARECIDOS COM OS DE ALGUMA DAS CRIANÇAS DAS FOTOS ACIMA?

B) CONVERSE COM SEUS COLEGAS A RESPEITO DAS RESPOSTAS.

3 COMPLETE AS FRASES ABAIXO.

A COR DA MINHA PELE É ....

A COR DOS MEUS OLHOS É ....

A COR DO MEU CABELO É ....

AS PREFERÊNCIAS DE CADA UM

CARLOS E PEDRO SÃO GÊMEOS. FISICAMENTE SÃO MUITO PARECIDOS, MAS ELES TÊM GOSTOS DIFERENTES. OBSERVE:

Ilustrações: Ilustra Cartoon/Arquivo da editora

CADA UM É COMO É. CADA UM TEM SUAS PREFERÊNCIAS!

VEJA O QUE ESTAS CRIANÇAS GOSTAM DE FAZER.

E VOCÊ, O QUE GOSTA DE FAZER? CONTE AOS SEUS COLEGAS.

ATIVIDADES

1 OBSERVE AS LEGENDAS E PINTE OS QUADRINHOS DE ACORDO COM SEU GOSTO.

GOSTO MUITO — NÃO GOSTO — GOSTO POUCO

Modernlove/Shutterstock/Glow Images

Simone van den Berg/Shutterstock/Glow Images

IIFede/Shutterstock/Glow Images

Jakub Gruchot/Shutterstock/Glow Images

Eric Isselee/Shutterstock/Glow Images

Knartz/Shutterstock/Glow Images

Heather Gail Delaney/Alamy/Other Images

Fotostoker/Shutterstock/Glow Images

Geff Reis/Keystone

2 MARQUE UM **X** NOS QUADRINHOS QUE CORRESPONDEM AO SEU JEITO DE SER.

- ( ) BRINCALHÃO
- ( ) AMIGO
- ( ) BAGUNCEIRO
- ( ) EDUCADO
- ( ) TEIMOSO
- ( ) INTELIGENTE
- ( ) TÍMIDO
- ( ) CHORÃO
- ( ) ALEGRE
- ( ) GENTIL
- ( ) MEDROSO
- ( ) CARINHOSO
- ( ) TRISTE
- ( ) AGITADO

O TEMA É...

O QUE VOCÊ PENSA E SENTE

- VOCÊ TEM MEDO DE ESCURO? E DE BICHOS? DE QUAL(IS)?
- O QUE MAIS LHE DÁ MEDO?

Ilustrações: Adelmo Naccari

- COMO VOCÊ SE SENTE QUANDO NÃO PODE FAZER ALGO DE QUE GOSTA MUITO?
- FICAR DE CASTIGO, SEM PODER FAZER ALGO, É UMA BOA MANEIRA DE OS PAIS MOSTRAREM O QUE NÃO FIZEMOS BEM?
- O QUE VOCÊ MAIS GOSTA DE FAZER NO DIA A DIA?

O QUE PENSAMOS E SENTIMOS FAZ PARTE DO NOSSO JEITO DE SER.

HÁ MILHÕES DE CRIANÇAS NO MUNDO, MAS NENHUMA DELAS É EXATAMENTE IGUAL A VOCÊ. CADA UMA PENSA DE UMA FORMA E CADA UMA TEM SENTIMENTOS DIFERENTES.

Yuri Arcurs/Shutterstock/Glow Images

Gelpi/Shutterstock/Glow Images

BonD80/Shutterstock/Glow Images

- O QUE ESTAS CRIANÇAS ESTÃO SENTINDO? ELAS ESTÃO ALEGRES, TRISTES, COM RAIVA, ESPANTADAS OU COM MEDO?
- VOCÊ CONHECE OS *EMOTICONS*? ALGUM DOS *EMOTICONS* A SEGUIR EXPRESSA O QUE AS CRIANÇAS DAS FOTOS ESTÃO SENTINDO?

Yayayoyo/Shutterstock/Glow Images

Yayayoyo/Shutterstock/Glow Images

Yayayoyo/Shutterstock/Glow Images

- ALGUM DELES EXPRESSA COMO VOCÊ ESTÁ SE SENTINDO NESTE MOMENTO?
- O QUE JÁ FEZ VOCÊ CHORAR? E O QUE DEIXA VOCÊ CONTENTE?

Teguh Mujiono/Shutterstock/Glow Images

Yayayoyo/Shutterstock/Glow Images

IDEIAS EM AÇÃO

CONHECENDO O APELIDO DAS PESSOAS

TODOS TEMOS NOME E SOBRENOME. ALGUMAS PESSOAS TAMBÉM TÊM UM APELIDO.

MUITAS VEZES, CONHECEMOS ALGUÉM APENAS PELO SEU APELIDO E SEQUER SABEMOS O SEU NOME!

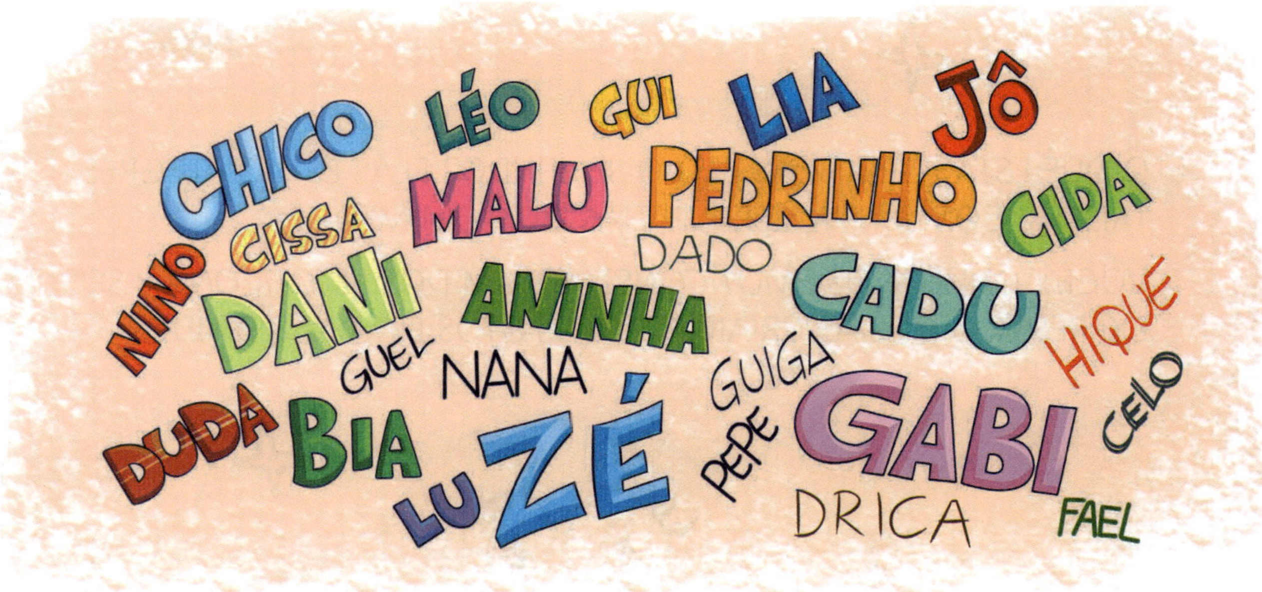

Ilustra Cartoon/Arquivo da editora

VOCÊ TEM UM APELIDO?

NA SUA FAMÍLIA, AS PESSOAS SE TRATAM POR APELIDOS? QUE TAL APRESENTAR PARA A TURMA O APELIDO DE AMIGOS E FAMILIARES?

MATERIAL NECESSÁRIO

- REVISTAS E JORNAIS
- TESOURA SEM PONTAS
- COLA

COMO FAZER

1. ORGANIZE UMA LISTA COM OS APELIDOS DE TRÊS FAMILIARES OU AMIGOS. PERGUNTE A ELES A ORIGEM DE SEUS APELIDOS.

2. PREENCHA OS ESPAÇOS A SEGUIR COM OS APELIDOS SELECIONADOS. PARA ISSO, RECORTE DAS REVISTAS E JORNAIS AS LETRAS QUE FORMAM CADA APELIDO E COLE-AS NOS ESPAÇOS.

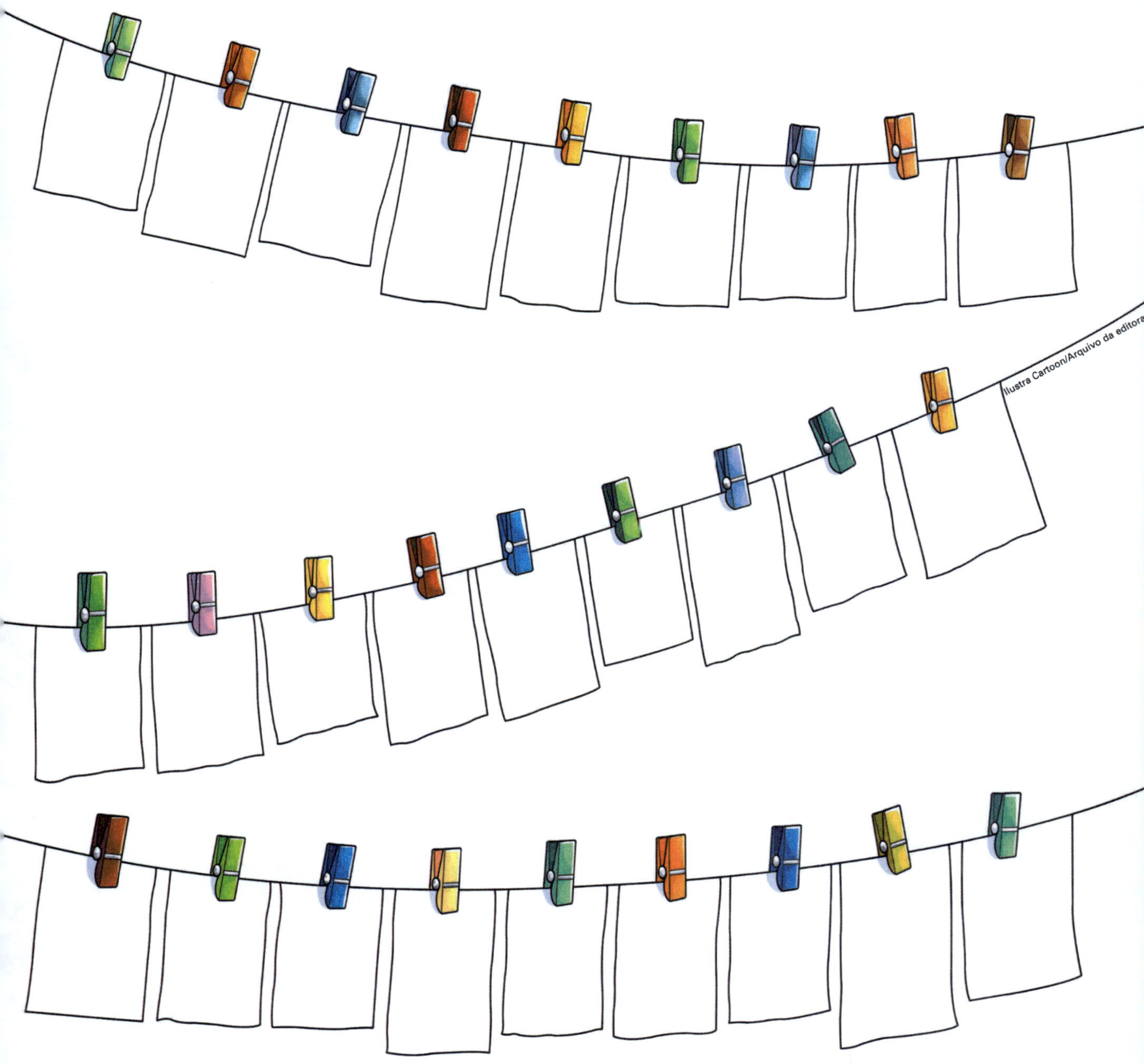

Ilustra Cartoon/Arquivo da editora

3. APRESENTE PARA A TURMA OS APELIDOS DOS FAMILIARES OU DOS AMIGOS SELECIONADOS. CONTE PARA ELES QUAL É A ORIGEM DOS APELIDOS.

VOCÊ TEM ALGUM APELIDO? VOCÊ GOSTA DELE?

UNIDADE 2

A FAMÍLIA

Ilustra Cartoon/Arquivo da editora

VAMOS CONVERSAR?

- QUAIS AS ORIGENS DESTA FAMÍLIA?
- QUANTAS PESSOAS FAZEM PARTE DA SUA FAMÍLIA? COMO ELA É?

O QUE VOU ESTUDAR?

- OS DIFERENTES TIPOS DE FAMÍLIA
- A MINHA FAMÍLIA
- OS PARENTES

CAPÍTULO 3

VOCÊ E SUA FAMÍLIA

AS FAMÍLIAS QUE VOCÊ CONHECE SÃO IGUAIS OU DIFERENTES UMAS DAS OUTRAS?

E A SUA FAMÍLIA, COMO É?

CADA FAMÍLIA É DE UM JEITO

AS FAMÍLIAS PODEM SER DE VÁRIOS TIPOS. OBSERVE:

Ilustrações: Ilustra Cartoon/Arquivo da editora

ATIVIDADES

- RESPONDA ÀS PERGUNTAS SOBRE SUA FAMÍLIA.

A) QUANTOS ADULTOS MORAM COM VOCÊ?

QUEM SÃO ELES?

B) E QUANTAS CRIANÇAS?

ESCREVA O NOME E A IDADE DE CADA UMA DELAS.

Ilustrações: Ilustra Cartoon/Arquivo da editora

C) EM SUA CASA, QUANTAS PESSOAS VÃO À ESCOLA?

D) E QUANTAS NÃO VÃO À ESCOLA?

E) QUANTAS PESSOAS TRABALHAM?

ESCREVA O NOME DE CADA UMA DELAS E EXPLIQUE QUEM SÃO.

F) QUEM CUIDOU DE VOCÊ QUANDO ERA BEBÊ?

G) E ATUALMENTE, QUEM É A PESSOA QUE CUIDA DE VOCÊ?

O TEMA É...

AS FAMÍLIAS SÃO DIVERSAS

Monkey Business Images/Shutterstock/Glow Images

Tracy Whiteside/Shutterstock/Glow Images

A FAMÍLIA É FORMADA PELO AFETO ENTRE AS PESSOAS!

- A SUA FAMÍLIA SE PARECE COM ALGUMA DESSAS FAMÍLIAS? QUAL?
- VOCÊ CONHECE OUTRAS FAMÍLIAS COM COMPOSIÇÃO DIFERENTE DESSAS? COMPARTILHE COM OS COLEGAS.

Volt Collection/Shutterstock/Glow Images

Alena Root/Shutterstock/Glow Images

- TER UMA FAMÍLIA É IMPORTANTE PARA AS CRIANÇAS? POR QUÊ?
- QUAL É A SUA OPINIÃO SOBRE A ADOÇÃO? CONVERSE COM OS SEUS COLEGAS SOBRE O ASSUNTO.

Ilike/Shutterstock/Glow Images

Noam Armonn/Shutterstock/Glow Images

- AS SITUAÇÕES MOSTRADAS NAS FOTOGRAFIAS SÃO COMUNS ENTRE IRMÃOS?
- VOCÊ TEM IRMÃOS? COMO É SUA CONVIVÊNCIA COM ELES?

Vasilyev Alexandr/Shutterstock/Glow Images

TER UM IRMÃO É TER, PARA SEMPRE, UMA INFÂNCIA LEMBRADA COM SEGURANÇA EM OUTRO CORAÇÃO.

A MELHOR COISA QUE VOCÊ PODE FAZER POR UM FILHO É TER OUTRO, DE TATI BERNARDI. **REVISTA BOX**, ED. 9, ANO 1, P. 46. NOV. 2012. DISPONÍVEL EM: <HTTP://ISSUU.COM/REVISTABOX/DOCS/REVISTABOXNOVEMBRO>. ACESSO EM: 22 MAR. 2015.

- VOCÊ CONCORDA COM A AUTORA DO TEXTO ACIMA?
- VOCÊ CONHECE ALGUÉM QUE SEJA FILHO ÚNICO? COMO ELE SE SENTE EM RELAÇÃO A ISSO?

CAPÍTULO 4 OS PARENTES

OED

TAMBÉM FAZEM PARTE DE UMA FAMÍLIA OUTROS PARENTES, COMO AVÓS, BISAVÓS, TIOS E PRIMOS.

ELES PODEM MORAR CONOSCO NA MESMA CASA OU EM OUTRAS CASAS.

HOJE É ANIVERSÁRIO DE LARA. ELA CONVIDOU ALGUNS AMIGOS E PARENTES PARA A SUA FESTA.

Ilustra Cartoon/Arquivo da editora

- O QUE RODRIGO E FABIANA SÃO DE LARA? MARQUE COM UM **X**.

◯ TIOS ◯ PRIMOS

ATIVIDADES

1 CADA FAMÍLIA TEM SEUS COSTUMES E SUA HISTÓRIA. GERALMENTE, OS PARENTES MAIS VELHOS CONTAM PARA AS CRIANÇAS A HISTÓRIA DA FAMÍLIA.

A) QUAL É A PESSOA MAIS VELHA DA SUA FAMÍLIA?

B) ESSA PESSOA JÁ CONTOU PARA VOCÊ ALGUM ACONTECIMENTO DE QUANDO ERA CRIANÇA? CONTE AOS COLEGAS DE CLASSE.

2 COMPLETE A ÁRVORE GENEALÓGICA COM O NOME DAS PESSOAS QUE FAZEM PARTE DA SUA FAMÍLIA.

Ilustra Cartoon/Arquivo da editora

IDEIAS EM AÇÃO

CONFECCIONANDO DEDOCHES

E SE PARA CONTAR HISTÓRIAS VIVIDAS POR SUA FAMÍLIA VOCÊ CONTASSE COM A AJUDA DE DEDOCHES? GOSTOU DA IDEIA?

OS DEDOCHES SÃO PERSONAGENS QUE SE ENCAIXAM NOS DEDOS E PODEM SER CONFECCIONADOS COM DIVERSOS MATERIAIS. NÓS VAMOS USAR A CARTOLINA NESTA ATIVIDADE.

PENSE EM ALGO DIVERTIDO QUE TENHA ACONTECIDO EM UM ENCONTRO DE SUA FAMÍLIA E QUE VOCÊ QUEIRA CONTAR AOS COLEGAS. QUEM SÃO OS PERSONAGENS DESSA HISTÓRIA? VAMOS CONFECCIONAR UM DEDOCHE PARA CADA UM DELES. NÃO SE ESQUEÇA DOS ANIMAIS DE ESTIMAÇÃO ENVOLVIDOS NA HISTÓRIA!

MATERIAL NECESSÁRIO

- CARTOLINA BRANCA
- LÁPIS PRETO
- BORRACHA
- LÁPIS DE COR
- CANETINHAS COLORIDAS
- TESOURA SEM PONTAS
- COLA

COMO FAZER

1. PEÇA AO PROFESSOR QUE DESENHE NA CARTOLINA RETÂNGULOS COM AS MEDIDAS INDICADAS AO LADO. A BASE DOS RETÂNGULOS DEVE SER LIMITADA COM LINHAS TRACEJADAS. ESCREVA AS LETRAS **A** E **B** NAS PONTAS DA BASE DOS RETÂNGULOS E DEPOIS RECORTE-OS.

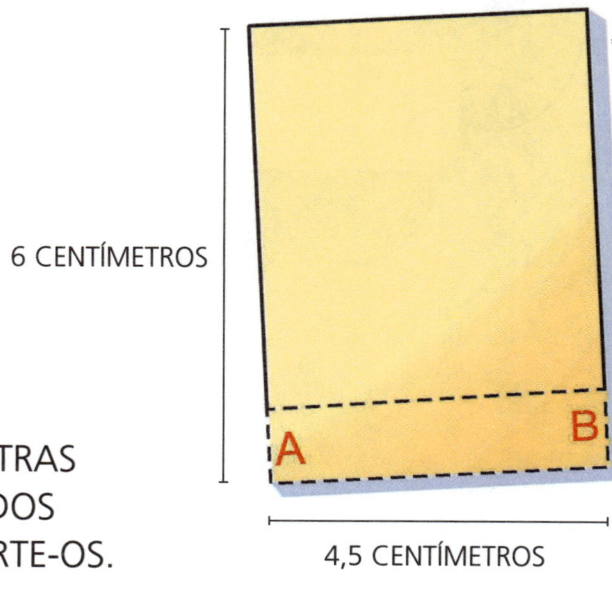

Ilustra Cartoon/Arquivo da editora

2. EM CADA RETÂNGULO, ACIMA DA LINHA PONTILHADA, DESENHE UM PERSONAGEM DA SUA HISTÓRIA. UTILIZE OS LÁPIS DE COR E AS CANETINHAS PARA PINTAR OS DESENHOS. VOCÊ TAMBÉM PODE USAR OUTROS MATERIAIS PARA FAZER A ROUPA, OS OLHOS E OS CABELOS DOS PERSONAGENS.

3. FAÇA UMA LINHA TRACEJADA AO REDOR DE CADA PERSONAGEM DESENHADO NOS DIFERENTES RETÂNGULOS. LIGUE ESSA LINHA AO TRACEJADO DA BASE DO RETÂNGULO – ESSA É A LINHA DE RECORTE DO DEDOCHE.

4. SE PREFERIR, VOCÊ PODERÁ IDENTIFICAR OS SEUS DEDOCHES, ESCREVENDO NA BASE SEUS NOMES OU APELIDOS.

5. RECORTE A LINHA PONTILHADA COM A TESOURA. ATENÇÃO: O DESENHO DO PERSONAGEM PRECISA FICAR PRESO À BASE DO RETÂNGULO.

6. COLOQUE UM POUCO DE COLA EM CIMA DA LETRA **A** E, EM SEGUIDA, UNA AS PONTAS DA BASE, COLANDO A LETRA **B** EM CIMA DA LETRA **A**. NÃO SE ESQUEÇA DE VERIFICAR SE CABE EM SEU DEDO ANTES DE PASSAR A COLA.

Ilustrações: Ilustra Cartoon/Arquivo da editora

AGORA O SEU DEDOCHE ESTÁ PRONTO!

UNIDADE 3

UM LUGAR PARA MORAR

VAMOS CONVERSAR?

- COMO É SUA CASA?
- POR QUE O SER HUMANO PRECISA DE ABRIGO?

O QUE VOU ESTUDAR?

- A CASA ONDE MORO
- OS DIFERENTES TIPOS DE MORADIA

Ilustra Cartoon/Arquivo da editora

CAPÍTULO 5

NOSSA CASA

OED

Ilustra Cartoon/Arquivo da editora

A CASA É O LUGAR ONDE VIVEMOS. GRANDE OU PEQUENA, NUM PRÉDIO CHEIO DE ANDARES OU NO ALTO DE UM MORRO, NUM VILAREJO OU NUMA CIDADE, ELA É O NOSSO LAR.

A CASA EM POUCAS PALAVRAS, DE MERITXELL MARTI, LUIS BORRAS E CRISTINA VILLELA. SÃO PAULO: ESCALA EDUCACIONAL, 2007. (SABER E APRENDER).

ATIVIDADES

1 FAÇA UM DESENHO, EM UMA FOLHA À PARTE, MOSTRANDO COMO É A SUA CASA VISTA DE FORA.

2 AGORA, RESPONDA ORALMENTE:

A) HÁ QUANTO TEMPO VOCÊ MORA NA CASA REPRESENTADA NA ATIVIDADE 1?

B) VOCÊ JÁ MOROU EM OUTRA(S) CASA(S)? COMO ELA(S) ERA(M)?

3 OBSERVE AS IMAGENS ABAIXO.

Castelo de Warwick: frente leste, 1752. Óleo sobre tela, 73 cm×122 cm. Birmingham Museums and Art Gallery.

CASTELO DE WARWICK, ÓLEO SOBRE TELA DE CANALETTO, 1752.

A fazenda, 1921-1922. Óleo sobre tela, National Gallery of Art, Washington D.C. – Doação de Mary Hemingway.

A FAZENDA, ÓLEO SOBRE TELA DE JOAN MIRÓ, 1922.

- CONVERSE COM O PROFESSOR E OS COLEGAS DE CLASSE SOBRE AS DUAS IMAGENS E, DEPOIS, RESPONDA ORALMENTE:

A) O QUE VOCÊ OBSERVA NO QUADRO 1?

B) E O QUE VOCÊ OBSERVA NO QUADRO 2?

C) QUEM VOCÊ ACHA QUE MORA NO CASTELO? E NA FAZENDA?

D) SE VOCÊ PUDESSE ESCOLHER, ONDE MORARIA: NO CASTELO OU NA FAZENDA? POR QUÊ?

CASA PARA TODOS

TODAS AS PESSOAS TÊM DIREITO A UMA CASA, ISTO É, A UMA MORADIA DIGNA, COM ESPAÇO SUFICIENTE, ÁGUA ENCANADA, LUZ ELÉTRICA E REDE DE ESGOTO, ONDE POSSAM SE PROTEGER DO FRIO, DA CHUVA E DO SOL.

AS CASAS PODEM SER DE VÁRIOS TIPOS. OBSERVE:

Inês Calixto/Pulsar Imagens

CASA DE SAPÊ EM TRACUATEUA (PA), 2011.

Ernesto Reghran/Pulsar Imagens

EDIFÍCIOS RESIDENCIAIS EM LONDRINA (PR), 2014.

- NEM TODOS TÊM UMA CASA PARA MORAR. POR QUE VOCÊ ACHA QUE ISSO ACONTECE? CONVERSE COM SEUS COLEGAS.

João Prudente/Pulsar Imagens

PALAFITAS EM BRAGANÇA (PA), 2013.

MORADORES DE FAVELA INCENDIADA SE ALOJAM EMBAIXO DE VIADUTO EM SÃO PAULO (SP), 2012.

Rivaldo Gomes/Folhapress

ATIVIDADE

- LEIA O DEPOIMENTO DE UM IDOSO, DADO ESPECIALMENTE PARA ESTE LIVRO, SOBRE AS RECORDAÇÕES DA CASA EM QUE ELE MOROU QUANDO ERA JOVEM.

> A CASA ONDE PASSEI MINHA JUVENTUDE ERA GRANDE, COM UM IMENSO QUINTAL NA FRENTE. TODAS AS MANHÃS EU ACORDAVA COM O CANTO DOS PÁSSAROS QUE POUSAVAM NOS GALHOS DAS ÁRVORES E EM OUTRAS PLANTAS ESPALHADAS PELO QUINTAL.
> HOJE, PASSADOS TANTOS ANOS, AINDA TENHO VIVA, EM MINHAS LEMBRANÇAS, A IMAGEM DAQUELA CASA.

- IMAGINE COMO ERA A CASA DESCRITA NO DEPOIMENTO E DESENHE-A.

O TEMA É...

EXERCITAR A ECOLOGIA EM CASA

NA CONSTRUÇÃO DAS RESIDÊNCIAS HÁ MUITAS POSSIBILIDADES DE DIMINUIR O GASTO DE ENERGIA E MELHORAR O APROVEITAMENTO DA ÁGUA. DIVERSAS PEQUENAS AÇÕES PODEM TER IMPACTOS POSITIVOS NO MEIO AMBIENTE. OS TELHADOS ECOLÓGICOS SÃO UM EXEMPLO: ELES DIMINUEM O AQUECIMENTO DO AR NAS CIDADES.

Marius GODOI/Shutterstock/Glow Images

- NO LUGAR ONDE VOCÊ MORA, AS CONSTRUÇÕES TÊM ALGUMA CARACTERÍSTICA ECOLÓGICA, COMO PAINÉIS DE ENERGIA SOLAR OU ÁGUA DE REUSO?
- EM SUA RESIDÊNCIA A ÁGUA DA CHUVA É CAPTADA E UTILIZADA? VOCÊ SABE COMO ISSO OCORRE? CONVERSE COM OS COLEGAS.
- UMA "CASA ECOLÓGICA" É IMPORTANTE PARA A CONSERVAÇÃO DA NATUREZA? POR QUÊ?

dogi/Shutterstock/Glow Images

SEPARAÇÃO DO LIXO RECICLÁVEL.

Mauricio Simonetti/Pulsar Imagens

CAPTAÇÃO DA ÁGUA DA CHUVA PARA USO DOMÉSTICO.

Luis Salvatore/Pulsar Imagens

HORTA URBANA.

- VOCÊ CONHECE ESSAS ATIVIDADES? POR QUE ELAS SÃO MEDIDAS DE PROTEÇÃO AO MEIO AMBIENTE?
- ALGUMA DESSAS AÇÕES É ADOTADA NAS MORADIAS DO BAIRRO ONDE VOCÊ VIVE? E EM SUA RESIDÊNCIA?

IDEIAS EM AÇÃO

CONSTRUINDO UMA CABANA DE PAPEL

NA CONSTRUÇÃO DE RESIDÊNCIAS, O PAPEL TEM DIVERSAS DESVANTAGENS, MAS VOCÊ SABIA QUE ELE TAMBÉM PODE SER UMA OPÇÃO DE MATERIAL DE CONSTRUÇÃO?

NESSA EXPERIÊNCIA, VAMOS DESCOBRIR COMO TORNAR O PAPEL UM MATERIAL MAIS RESISTENTE, CONSTRUINDO UMA CABANA COM FOLHAS DE JORNAL.

MATERIAL NECESSÁRIO

- PALITOS DE FÓSFORO
- FOLHAS DE JORNAL USADOS
- FITA ADESIVA

Ilustrações: Ilustra Cartoon/Arquivo da editora

COMO FAZER

1. PARA CONSTRUIR AS VIGAS, COLOQUE UM PALITO DE FÓSFORO NO CANTO DE UMA FOLHA DE JORNAL E O ENROLE COM O PAPEL. ATENÇÃO: É PRECISO DEIXAR O PAPEL BEM GRUDADO NO PALITO.

2. PARA CONSEGUIR VIGAS MAIS LONGAS, UNA DOIS ROLOS DE PAPEL COM O USO DA FITA ADESIVA.

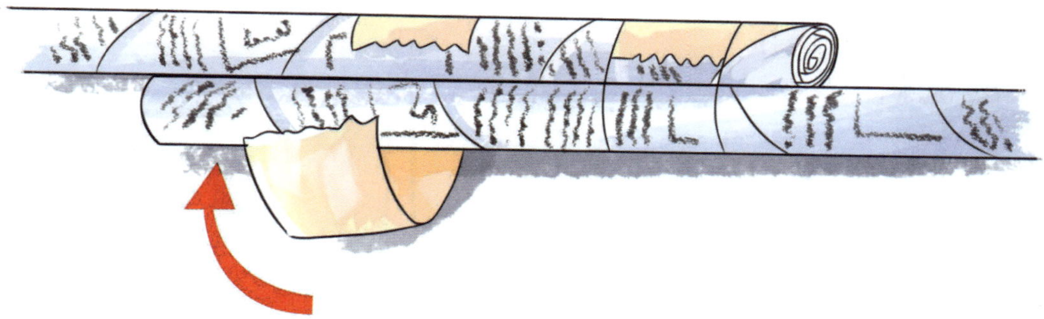

3. COM ESSAS VIGAS, MONTE O ESQUELETO DA CABANA. PARA MONTAR AS PAREDES, COLE AS FOLHAS DE JORNAL ENTRE AS VIGAS.

Ilustrações: Ilustra Cartoon/Arquivo da editora

ATIVIDADE ADAPTADA DE: **MÉGA EXPÉRIENCES**. PARIS: NATHAN, 1995. P. 172-173.

VOCÊ PODE UTILIZAR TINTA PARA PINTAR AS FOLHAS DE PAPEL UTILIZADAS COMO PAREDE.

VOCÊ E SEU GRUPO CONSTRUÍRAM JANELAS E PORTAS? COMO? QUE MATERIAL UTILIZARAM?

UNIDADE 4

A ESCOLA

Ilustra Cartoon/Arquivo da editora

VAMOS CONVERSAR?

- QUANTAS PESSOAS CIRCULAM POR SUA ESCOLA TODOS OS DIAS?
- O QUE ELAS FAZEM ALI?

O QUE VOU ESTUDAR?

- A ESCOLA
- AS PESSOAS QUE TRABALHAM NA ESCOLA
- OS COLEGAS DE CLASSE

A

CAPÍTULO 6

UM LUGAR PARA APRENDER

OED

TODA CRIANÇA TEM DIREITO DE FREQUENTAR A ESCOLA.

NA ESCOLA AS CRIANÇAS ESTUDAM, BRINCAM, PRATICAM ESPORTES E CONVIVEM COM OS COLEGAS, COM OS PROFESSORES E COM OUTRAS PESSOAS QUE NELA TRABALHAM.

Ilustrações: Ilustra Cartoon/Arquivo da editora

ATIVIDADES

1 VOCÊ SABIA QUE TODA ESCOLA TEM UM NOME? CONVERSE COM O PROFESSOR E OS COLEGAS DE CLASSE E COMPLETE AS FRASES A SEGUIR.

A) O NOME DA MINHA ESCOLA É ....

....

B) MINHA ESCOLA RECEBEU ESSE NOME PORQUE ....

....

2 CONVERSE COM SEUS COLEGAS DE CLASSE A RESPEITO DA ESCOLA ONDE VOCÊS ESTUDAM. CONTE A ELES:

A) ALGUMA COISA DA ESCOLA DE QUE VOCÊ GOSTA MUITO;

B) ALGUMA COISA QUE VOCÊ ACHA QUE FALTA NA ESCOLA.

3 CONVERSE COM OS COLEGAS E O PROFESSOR A RESPEITO DO COMPORTAMENTO DOS PERSONAGENS ABAIXO.

Ilustrações: Ilustra Cartoon/Arquivo da editora

QUEM TRABALHA NA ESCOLA

NA ESCOLA, VOCÊ ESTUDA E CONVIVE COM MUITAS PESSOAS. ALÉM DOS COLEGAS DE CLASSE E DO PROFESSOR, HÁ OUTROS PROFESSORES, O DIRETOR E OS FUNCIONÁRIOS QUE TRABALHAM NA ESCOLA.

OS COLEGAS DE CLASSE

O ANO INTEIRO VOCÊ CONVIVE COM SEUS COLEGAS DE CLASSE. É NA SALA DE AULA QUE VOCÊS PASSAM A MAIOR PARTE DO TEMPO JUNTOS.

A QUEM DE SUA CLASSE VOCÊ DARIA O TÍTULO "AMIGO NOTA CEM"?

Ilustrações: Ilustra Cartoon/Arquivo da editora

ATIVIDADES

1 ROBERTO REALIZA MUITAS ATIVIDADES COM OS COLEGAS DE CLASSE. OBSERVE EM CADA CENA O QUE ELES FAZEM JUNTOS.

Ilustrações: Ilustra Cartoon/Arquivo da editora

- E VOCÊ, O QUE MAIS GOSTA DE FAZER COM SEUS COLEGAS DE CLASSE? DESENHE NO ESPAÇO ABAIXO.

2 QUE TAL CONHECER MELHOR UM DE SEUS COLEGAS DE CLASSE? FAÇA A ELE AS SEGUINTES PERGUNTAS:

A) QUAL É A SUA COMIDA PREFERIDA? ....

B) QUAL É A SUA BRINCADEIRA FAVORITA? ....

C) QUAL É O SEU ANIMAL FAVORITO? ....

D) DE QUAL ARTISTA VOCÊ MAIS GOSTA? ....

E) E QUAL É O SEU LUGAR PREFERIDO PARA PASSAR O FIM DE SEMANA?

....

- DEPOIS, DEIXE QUE O SEU COLEGA FAÇA A VOCÊ AS MESMAS PERGUNTAS. PERCEBAM JUNTOS QUAIS SÃO AS SEMELHANÇAS E AS DIFERENÇAS ENTRE VOCÊS.

O TEMA É...

COMO PODEMOS CUIDAR DE NOSSA SAÚDE NA ESCOLA?

- NA CANTINA DA SUA ESCOLA SÃO VENDIDOS OS ALIMENTOS MOSTRADOS NA IMAGEM?
- ALGUM TIPO DE COMIDA É PROIBIDO DE SER SERVIDO NA CANTINA? QUAL?
- EM SUA OPINIÃO, DOCES E ALIMENTOS GORDUROSOS DEVERIAM SER PROIBIDOS NA CANTINA ESCOLAR? COMPARTILHE SUA OPINIÃO COM OS COLEGAS.

Suzanne Tucker/Shutterstock/Glow Images

- AS CRIANÇAS NAS IMAGENS ESTÃO USANDO OS MÓVEIS ESCOLARES DE FORMA ADEQUADA?
- VOCÊ SENTE ALGUM DESCONFORTO AO UTILIZAR OS MÓVEIS DA ESCOLA? CONHECE ALGUMA FORMA DE EVITAR O DESCONFORTO?

wavebreakmedia/Shutterstock/Glow Images

CONVIVER BEM COM OS COLEGAS TAMBÉM É UMA QUESTÃO DE SAÚDE. NOSSA MENTE PODE ADOECER QUANDO AS RELAÇÕES ENTRE AS PESSOAS NÃO SÃO HARMÔNICAS. SÃO EXEMPLOS: AGRESSÕES, *BULLYING* E GRITOS CONSTANTES.

- VOCÊ JÁ PRESENCIOU ALGUMA SITUAÇÃO QUE AFETA A SAÚDE MENTAL DOS ALUNOS? COMPARTILHE SUAS EXPERIÊNCIAS COM OS COLEGAS.
- VOCÊ ACREDITA QUE O SEU COMPORTAMENTO NA ESCOLA OU O DE SEUS COLEGAS CAUSAM ALGUM RISCO À SAÚDE?
- QUE MEDIDAS VOCÊ PROPÕE PARA MELHORAR A SAÚDE DOS ALUNOS NO AMBIENTE ESCOLAR?

IDEIAS EM AÇÃO

ALONGANDO NA SALA DE AULA

ANTES E DEPOIS DAS ATIVIDADES FÍSICAS, É IMPORTANTE ALONGAR OS MÚSCULOS PARA PREVENIR LESÕES.

Alexkatkov/Shutterstock/Glow Images

NÃO É APENAS NA PRÁTICA DE ESPORTES QUE O ALONGAMENTO PODE NOS AJUDAR, NÃO. NA SALA DE AULA TAMBÉM DEVEMOS ALONGAR OS MÚSCULOS: ALÉM DE EVITAR DORES, O ALONGAMENTO NOS AJUDA NA CONCENTRAÇÃO. MUITOS FISIOTERAPEUTAS RECOMENDAM UMA PAUSA PARA ALONGAR A CADA 50 MINUTOS QUE FICAMOS PARADOS EM UMA MESMA POSIÇÃO.

A SEGUIR, VAMOS APRENDER ALGUMAS FORMAS DE ALONGAR-SE NA SALA DE AULA.

COMO FAZER

1. VAMOS COMEÇAR PELO PESCOÇO. SENTADO NA CADEIRA, SEGURE O ASSENTO COM UMA DAS MÃOS; COM A OUTRA, MOVA LENTAMENTE A CABEÇA NA DIREÇÃO DO OMBRO.
2. AGORA, É A VEZ DO OUTRO LADO.

Ilustra Cartoon/Arquivo da editora

3. VAMOS ALONGAR ALGUNS MÚSCULOS DA PERNA! APOIE UMA DAS PERNAS NA CADEIRA COMO MOSTRADO NA ILUSTRAÇÃO AO LADO. LEVANTE OS BRAÇOS DE FORMA A MANTER A COLUNA BEM RETA.

4. AGORA INVERTA A PERNA APOIADA SOBRE A CADEIRA.

5. É A VEZ DAS COSTAS. SENTE-SE APOIADO NAS COSTAS DE UM COLEGA. UNAM AS MÃOS NO ALTO E LENTAMENTE TENTE DEITAR-SE SOBRE O COLEGA. DEPOIS TROQUE: É A VEZ DO COLEGA DEITAR-SE SOBRE SUAS COSTAS.

Ilustrações: Ilustra Cartoon/Arquivo da editora

VOCÊ CONHECE OUTRO MOVIMENTO DE ALONGAMENTO? APRESENTE-O AOS COLEGAS.

COMO VOCÊ SE SENTIU APÓS REALIZAR O ALONGAMENTO?

Reprodução/Editora Scipione

"COM LICENÇA?": APRENDENDO SOBRE CONVIVÊNCIA

BRIAN MOSES E MIKE GORDON. SÃO PAULO: SCIPIONE.

RESPEITO, HONESTIDADE E GENTILEZA SÃO QUALIDADES QUE DEVEM SER CULTIVADAS DESDE CEDO. QUEM TRATA OS OUTROS COM CORTESIA É ADMIRADO PELAS PESSOAS. NESTE LIVRO, VOCÊ VERÁ SITUAÇÕES QUE MOSTRAM A IMPORTÂNCIA DE UMA BOA CONVIVÊNCIA.

Reprodução/Editora Cosac Naify

MEU VIZINHO É UM CÃO

ISABEL MINHÓS MARTINS E MADALENA MATOSO. SÃO PAULO: COSAC NAIFY.

UMA MENINA QUE MORAVA NUM PRÉDIO ONDE "QUASE NADA ACONTECIA" TEM SUA VIDA TRANSFORMADA QUANDO COMEÇAM A CHEGAR NOVOS MORADORES APARENTEMENTE ESQUISITOS.

Reprodução/ Editora Scipione

VOVÓ LUCI: NO TEMPO DOS NOSSOS AVÓS

CLAUDE CLÉMENT. SÃO PAULO: SCIPIONE.

A AVÓ DE PEDRO ERA MUITO DIFERENTE DAS OUTRAS: USAVA O COMPUTADOR E SABIA LUTAR CARATÊ, MAS TAMBÉM GOSTAVA DE CONTAR HISTÓRIAS. QUE TAL LER ESTE LIVRO PARA DESCOBRIR COMO ERAM AS COISAS NA ÉPOCA EM QUE SEUS AVÓS ERAM CRIANÇAS?

Reprodução/ Editora Globo

FILHO

GUTO LINS. SÃO PAULO: GLOBO.

O QUE É SER FILHO? NEM TODO MUNDO É PAI OU MÃE, MAS TODO MUNDO É FILHO. CAÇULA, DO MEIO, PRIMOGÊNITO, AFILHADO, PRIMO OU NETO. SEJA QUAL FOR O CASO, TODO FILHO É ÚNICO!

Reprodução/ Editora Scipione

O TRUQUE DE CÚRI – AS CASAS DO MUNDO

CLAIRE UBAC. SÃO PAULO: SCIPIONE.

A PRIMEIRA CASA DE CÚRI ERA MACIA E QUENTINHA: A BARRIGA DA MÃE. QUANDO SAIU DE LÁ, VIVEU EM UMA CABANA COM A FAMÍLIA, MAS UMA TEMPESTADE LEVOU AS PAREDES DA CASA. ENTÃO, FOI PARA UM SÍTIO COM OS PAIS. QUANDO CRESCEU, CÚRI DECIDIU GANHAR O MUNDO E PASSOU MUITO TEMPO VIAJANDO EM UM BARCO, MAS SUAS AVENTURAS NÃO PARARAM POR AÍ.

GEOGRAFIA

SUMÁRIO

George Holton/Photo Researchers/Getty Images

Isadora Brant/Folhapress

UNIDADE 3

UNIDADE 4

João Prudente/Pulsar Imagens

B Brown/Shutterstock/Glow Images

Luciana Whitaker/Pulsar Imagens

UNIDADE 1

A PAISAGEM

VAMOS CONVERSAR?

- O QUE VOCÊ VÊ NESTA PAISAGEM?
- QUAIS SÃO OS ELEMENTOS NATURAIS? QUAIS FORAM CONSTRUÍDOS PELO SER HUMANO?
- O QUE VOCÊ VÊ PELA JANELA DA SUA CASA? COMO É FORMADA A PAISAGEM?

O QUE VOU ESTUDAR?

- AS PAISAGENS
- A CIDADE

Ilustra Cartoon/Arquivo da editora

CAPÍTULO 1 OBSERVANDO AS PAISAGENS

NO MUNDO EM QUE VIVEMOS, EXISTEM MUITAS PAISAGENS DIFERENTES. VEJA ABAIXO AS FOTOS DE DOIS LUGARES DO MUNDO.

Ismar Ingber/Pulsar Imagens

USHUAIA (ARGENTINA), 2012.

Horizons WWP/Alamy/Latinstock

ISTAMBUL (TURQUIA), 2012.

QUANDO VOCÊ OBSERVA UM LUGAR E TUDO O QUE EXISTE AO REDOR DELE, ESTÁ OBSERVANDO A PAISAGEM DESSE LUGAR.

LUGARES ONDE VIVEMOS

CÉLIA E ALEXANDRE SÃO AMIGOS. ELES ESTÃO CONVERSANDO SOBRE O LUGAR ONDE CADA UM VIVE.

Ilustra Cartoon/Arquivo da editora

ATIVIDADES

1 NAS ILUSTRAÇÕES A SEGUIR SÃO REPRESENTADOS OS LUGARES ONDE VIVEM CÉLIA E ALEXANDRE. IDENTIFIQUE QUEM VIVE EM CADA LUGAR.

Ilustrações: Ilustra Cartoon/Arquivo da editora

....

....

2 SUA CASA ESTÁ LOCALIZADA:

( ) NA CIDADE. ( ) NO CAMPO.

3 A SUA CASA ESTÁ LOCALIZADA:

( ) PERTO DA ESCOLA. ( ) LONGE DA ESCOLA.

AS PAISAGENS DOS BAIRROS

ALGUNS BAIRROS SE LOCALIZAM NA ÁREA URBANA E OUTROS NA ÁREA RURAL DE UM MUNICÍPIO.

UM MUNICÍPIO PODE TER MUITOS BAIRROS. AS PAISAGENS DELES SÃO DIFERENTES UMAS DAS OUTRAS. VEJA AS FOTOS A SEGUIR.

J.L. Bulcão/Pulsar Imagens

BAIRRO TAMBAÚ, EM JOÃO PESSOA (PB), 2012. ÁREA URBANA.

João Prudente/Pulsar Imagens

BAIRRO FRAGÁRIA, EM ITAMONTE (MG), 2013. ÁREA RURAL.

Luciana Whitaker/Pulsar Imagens

BAIRRO DE VARGEM GRANDE, EM TERESÓPOLIS (RJ), 2014. ÁREA RURAL.

Mauricio Simonetti/Pulsar Imagens

BAIRRO DE SANTO ANTÔNIO, EM RECIFE (PE), 2013. ÁREA URBANA.

SEU BAIRRO FORMA A COMUNIDADE ONDE VOCÊ, SUA FAMÍLIA E OUTRAS PESSOAS MORAM.

PODEMOS ENCONTRAR EM UM BAIRRO URBANO: CASAS, PRÉDIOS, LOJAS, SUPERMERCADOS, PADARIAS, AÇOUGUES, FARMÁCIAS, RESTAURANTES, LIVRARIAS, HOSPITAIS, ESCOLAS, BANCOS, PRAÇAS, INDÚSTRIAS, ENTRE OUTROS ESTABELECIMENTOS.

MERCADO MUNICIPAL EM ARAPIRACA (AL), 2012.

NA ÁREA RURAL ENCONTRAMOS CASAS, SÍTIOS, CHÁCARAS, FAZENDAS, GRANJAS, ESCOLAS E PEQUENO COMÉRCIO.

PLANTAÇÃO DE VERDURAS EM VITÓRIA (ES), 2011.

ATIVIDADES

1 LEIA O TEXTO A SEGUIR:

CARLA TEM 8 ANOS DE IDADE E VIVE EM UM SÍTIO COM SUA FAMÍLIA. BRUNO, SEU PRIMO, TEM 9 ANOS E VIVE EM UMA GRANDE CIDADE.

CARLA VAI PARA A ESCOLA DE BICICLETA. BRUNO VAI PARA A ESCOLA COM OS COLEGAS, LEVADOS PELO MOTORISTA DO ÔNIBUS ESCOLAR.

Ilustra Cartoon/Arquivo da editora

A) OS CAMINHOS QUE AS DUAS CRIANÇAS PERCORREM PARA IR À ESCOLA SÃO IGUAIS OU DIFERENTES?

....

B) VOCÊ TAMBÉM COSTUMA PERCORRER UM CAMINHO DE CASA ATÉ A ESCOLA. ESSE CAMINHO É MAIS PARECIDO COM O CAMINHO DE CARLA OU COM O DE BRUNO? POR QUÊ?

....

2 E VOCÊ, ONDE MORA? DESENHE O LUGAR ONDE FICA SUA CASA. NO CADERNO, ESCREVA COMO É ESSE LUGAR, SE TEM ÁRVORES, RIOS, PRAIAS, ANIMAIS, COMO É O CHÃO, SE HÁ CONSTRUÇÕES.

3 VEJA O QUE CARLA E BRUNO FAZEM ANTES DE IREM À ESCOLA.

Ilustrações: Ilustra Cartoon/Arquivo da editora

A) QUEM MORA NO CAMPO? ....

B) QUEM MORA NA CIDADE? ....

4 RESPONDA:

A) SEU BAIRRO É UMA PARTE DE QUAL CIDADE?

....

B) VOCÊ ESTUDA NO BAIRRO ONDE MORA?

....

C) ESCREVA O NOME DE SEU BAIRRO. QUAL É O SIGNIFICADO DESSE NOME?

....

D) SUA FAMÍLIA E VOCÊ COSTUMAM FAZER COMPRAS EM SEU BAIRRO? POR QUÊ?

....

E) VOCÊ COSTUMA PASSEAR POR SEU BAIRRO? POR QUÊ?

....

F) HÁ ALGUM BAIRRO DE SUA CIDADE QUE VOCÊ GOSTARIA DE CONHECER? POR QUÊ?

....

O TEMA É...

A CONVIVÊNCIA COM OS VIZINHOS

Iakov Filimonov/Shutterstock/Glow Images

michaeljung/Shutterstock/Glow Images

OS VIZINHOS FAZEM PARTE DE NOSSA VIDA. ELES COMPARTILHAM CONOSCO OS ESPAÇOS DA VIZINHANÇA E ALGUMAS EXPERIÊNCIAS DO DIA A DIA.

- NO LUGAR ONDE VOCÊ MORA, HÁ ESPAÇOS DE CONVIVÊNCIA ENTRE OS VIZINHOS?
- QUE ATIVIDADES AS PESSOAS REALIZAM NESSES ESPAÇOS?
- VOCÊ BRINCA COM AS CRIANÇAS DA VIZINHANÇA? ONDE? QUAIS SÃO SUAS BRINCADEIRAS FAVORITAS?
- QUE OUTRAS ATIVIDADES VOCÊ COSTUMA FAZER EM CONJUNTO COM SEUS VIZINHOS?

karelnoppe/Shutterstock/Glow Images

Ale Vianna/Brazil Photo Press/Folhapress

OS VIZINHOS PODEM SE REUNIR TAMBÉM PARA PEDIR MUDANÇAS NO BAIRRO. QUANDO ALGUM SERVIÇO PÚBLICO NÃO FUNCIONA BEM, POR EXEMPLO, OS MORADORES PODEM SE ORGANIZAR PARA REIVINDICAR MELHORIAS JUNTO AO PODER PÚBLICO.

PARA MANTER UM BOM RELACIONAMENTO, É IMPORTANTE RESPEITAR AS OPINIÕES DAS PESSOAS.

- NO BAIRRO ONDE VOCÊ VIVE, OS MORADORES JÁ SE ORGANIZARAM PARA PEDIR ALGUMA MELHORIA? QUAL ERA O PEDIDO?
- VOCÊ GOSTARIA DE PEDIR MUDANÇAS NO BAIRRO? QUAIS?

- VOCÊ JÁ FEZ ALGO QUE INCOMODOU ALGUM VIZINHO? O QUÊ? COMO VOCÊS RESOLVERAM A SITUAÇÃO?
- O QUE PODEMOS FAZER PARA MANTER BOAS RELAÇÕES COM OS NOSSOS VIZINHOS?

CAPÍTULO 2 OS TRANSPORTES NO MUNICÍPIO

OED

COMO VOCÊ VEIO PARA A ESCOLA HOJE?

Ilustra Cartoon/Arquivo da editora

AS PESSOAS SE LOCOMOVEM DE DIFERENTES MANEIRAS: A PÉ, DE CARRO, ÔNIBUS, BICICLETA E DIVERSOS OUTROS MEIOS DE TRANSPORTE.

NAS RUAS DAS GRANDES CIDADES, O MOVIMENTO DE PESSOAS E DE VEÍCULOS É GRANDE. O VAIVÉM DE VEÍCULOS E DE PESSOAS NAS RUAS CHAMA-SE **TRÂNSITO**.

O TRÂNSITO, NAS CIDADES MAIORES, COSTUMA SER MAIS INTENSO PELA MANHÃ, QUANDO A MAIORIA DAS PESSOAS ESTÁ INDO PARA O TRABALHO, E NO FIM DA TARDE, QUANDO ELAS VOLTAM PARA CASA. EM MUITAS CIDADES GRANDES, COSTUMAM OCORRER CONGESTIONAMENTOS NESSES HORÁRIOS.

ATIVIDADES

1 CIRCULE OS MEIOS DE TRANSPORTE QUE PASSAM NA RUA ONDE VOCÊ MORA.

ÔNIBUS

TREM

BICICLETA

CAMINHÃO

CARRO

METRÔ

MOTOCICLETA

CHARRETE

Ilustrações: Ilustra Cartoon/Arquivo da editora

- HÁ ALGUM MEIO DE TRANSPORTE QUE VOCÊ VÊ PERTO DE SUA CASA QUE NÃO APARECE ILUSTRADO ACIMA? QUAL?

....

....

2 IMAGINE QUE VOCÊ VAI FAZER UMA VIAGEM PARA OUTRO ESTADO. QUE TRANSPORTE VOCÊ UTILIZARIA? DESENHE-O EM SEU CADERNO E EXPLIQUE A SUA ESCOLHA.

SINAIS DE TRÂNSITO

PARA CONTROLAR O MOVIMENTO DE PESSOAS E DE VEÍCULOS NAS RUAS, FORAM CRIADOS OS **SINAIS DE TRÂNSITO**.

OBEDECENDO AOS SINAIS DE TRÂNSITO, OS MOTORISTAS E AS PESSOAS QUE ANDAM PELAS RUAS – CHAMADAS DE PEDESTRES – EVITAM ACIDENTES. É PRECISO MUITO CUIDADO AO ATRAVESSAR AS RUAS!

OS PRINCIPAIS SINAIS DE TRÂNSITO ENCONTRADOS EM RUAS E AVENIDAS SÃO OS SEMÁFOROS, A **FAIXA DE SEGURANÇA** E AS **PLACAS DE SINALIZAÇÃO**.

Luis Carlos Kfouri/Arquivo da editora

* O SEMÁFORO PARA VEÍCULOS ORIENTA OS MOTORISTAS NAS RUAS POR MEIO DE TRÊS CORES. A LUZ **VERMELHA** INDICA: PARE! A LUZ **AMARELA** INDICA: ATENÇÃO! A LUZ **VERDE** INDICA: SIGA!

Luis Aureliano/Arquivo da editora

* O SEMÁFORO PARA PEDESTRES APRESENTA DUAS CORES E, GERALMENTE, É REPRESENTADO POR DOIS BONEQUINHOS LUMINOSOS.

Thomaz Vita Neto/Pulsar Imagens

* FAIXA DE SEGURANÇA EM COSTA RICA (MS), 2014. A **FAIXA DE SEGURANÇA** É UMA DAS SINALIZAÇÕES DE TRÂNSITO MAIS IMPORTANTES: OS PEDESTRES NUNCA DEVEM ATRAVESSAR A RUA FORA DELA, E OS VEÍCULOS NUNCA DEVEM PARAR SOBRE ELA.

AS **PLACAS DE SINALIZAÇÃO** AJUDAM A ORGANIZAR O TRÂNSITO DAS CIDADES.

ALGUMAS PLACAS INFORMAM O QUE É PROIBIDO E O QUE É OBRIGATÓRIO FAZER NAS RUAS E NO TRÂNSITO. GERALMENTE ESSAS PLACAS SÃO BRANCAS, COM FAIXAS VERMELHAS E SÍMBOLOS PRETOS.

OUTRAS PLACAS AVISAM SE HÁ ALGUM PERIGO NA VIA, OU SEJA, NA RUA OU NA ESTRADA. ESSAS PLACAS SÃO AMARELAS, COM SÍMBOLOS PRETOS.

VEJA ALGUMAS PLACAS E O QUE ELAS INDICAM:

PROIBIDO ESTACIONAR.

PROIBIDO ULTRAPASSAR.

ÁREA ESCOLAR.

OBRAS.

Reprodução/Arquivo da editora

O GUARDA DE TRÂNSITO

ALÉM DOS SINAIS DE TRÂNSITO, HÁ TAMBÉM O **GUARDA DE TRÂNSITO**, QUE ORIENTA OS MOTORISTAS E OS PEDESTRES NAS RUAS POR MEIO DE GESTOS E APITOS.

QUANDO OS MOTORISTAS NÃO RESPEITAM AS LEIS DE TRÂNSITO SÃO MULTADOS PELO GUARDA DE TRÂNSITO.

Isadora Brant/Folhapress

GUARDA DE TRÂNSITO EM SÃO PAULO (SP), 2011.

ATIVIDADES

1 OBSERVE A CENA AO LADO E COMPLETE AS FRASES.

A) A MENINA ESTÁ ATRAVESSANDO A RUA

NA ....

B) O SEMÁFORO PARA PEDESTRES ESTÁ NA

COR ....

Ilustrações: Ilustra Cartoon/Arquivo da editora

2 O MOTORISTA DA CENA AO LADO NÃO RESPEITOU A PLACA DE TRÂNSITO.

- O QUE ESSA PLACA INDICA?

....

3 ASSINALE COM UM **X** AS FRASES QUE INDICAM ATITUDES CORRETAS NO TRÂNSITO.

- ◯ OBEDECER AOS SINAIS DE TRÂNSITO.
- ◯ ATRAVESSAR A RUA SEM PRESTAR ATENÇÃO.
- ◯ DESCER DO ÔNIBUS SOMENTE QUANDO ELE ESTIVER PARADO.
- ◯ JOGAR BOLA EM RUAS MOVIMENTADAS.
- ◯ NÃO ANDAR DE BICICLETA EM RUA MOVIMENTADA.
- ◯ ANDAR SOMENTE PELA CALÇADA.
- ◯ OBEDECER ÀS ORDENS DO GUARDA DE TRÂNSITO.
- ◯ ATRAVESSAR A RUA FORA DA FAIXA DE SEGURANÇA.
- ◯ OLHAR PARA OS DOIS LADOS ANTES DE ATRAVESSAR A RUA.

- AGORA, CONVERSE COM SEUS COLEGAS E O PROFESSOR SOBRE AS FRASES QUE VOCÊ NÃO ASSINALOU. DEPOIS, REESCREVA NO CADERNO ESSAS FRASES DE FORMA QUE INDIQUEM ATITUDES CORRETAS NO TRÂNSITO.

4 DESENHE NO CADERNO AS PLACAS DE TRÂNSITO QUE VOCÊ VÊ NO CAMINHO DE CASA PARA A ESCOLA. EXPLIQUE AOS COLEGAS E AO PROFESSOR O QUE CADA PLACA SIGNIFICA.

5 TESTE SEUS CONHECIMENTOS SOBRE AS NORMAS DE TRÂNSITO.

EM CADA CENA, A ATITUDE MOSTRADA ESTÁ CERTA OU ERRADA? ASSINALE O CÍRCULO CORRESPONDENTE. SE ESTIVER ERRADO, FAÇA UM DESENHO NO QUADRO AO LADO CORRIGINDO A CENA. LEMBRE-SE: AS NORMAS DE TRÂNSITO SÃO IMPORTANTES, E RESPEITÁ-LAS É UMA MANEIRA DE FAZER A NOSSA PARTE PARA EVITAR ACIDENTES.

◯ CERTO ◯ ERRADO

◯ CERTO ◯ ERRADO

IDEIAS EM AÇÃO

ORGANIZANDO A CIRCULAÇÃO DE PESSOAS NA ESCOLA

NA ESCOLA ACONTECEM ESBARRÕES ENTRE AS PESSOAS? QUE TAL VIVER POR UM DIA A EXPERIÊNCIA DE SER UM AGENTE DE TRÂNSITO?

MATERIAL NECESSÁRIO

- CARTOLINA
- LÁPIS PRETO
- BORRACHA
- LÁPIS DE COR
- CANETINHAS COLORIDAS
- FITA ADESIVA
- APITO (OPCIONAL)

advent/Shutterstock/Glow Images

COMO FAZER

1. A PRIMEIRA TAREFA É OBSERVAR! UM AGENTE DE TRÂNSITO PRECISA CONHECER A FORMA COMO AS PESSOAS CIRCULAM EM UM LUGAR ANTES DE PREPARAR ALGUMAS AÇÕES PARA ORGANIZAR O VAIVÉM DELAS. AGUARDE AS INSTRUÇÕES DO PROFESSOR PARA VISITAR OS LUGARES MAIS MOVIMENTADOS DA ESCOLA. OBSERVE AS DIFICULDADES DOS ALUNOS EM SITUAÇÕES COMO A SAÍDA PARA O INTERVALO OU O FIM DAS AULAS: HÁ EMPURRA-EMPURRA E BAGUNÇA?

Ilustra Cartoon/Arquivo da editora

2. VOCÊ IDENTIFICOU PROBLEMAS NA CIRCULAÇÃO DAS PESSOAS? HÁ SITUAÇÕES QUE PODEM SER GRAVES? CONVERSE COM SEUS COLEGAS SOBRE ISSO.

3. EM GRUPOS, PENSEM EM SOLUÇÕES PARA AJUDAR A MELHORAR A CIRCULAÇÃO NA ESCOLA. QUE SINAIS DE TRÂNSITO PODERIAM SER UTILIZADOS PARA ORIENTAR AS PESSOAS?

4. CONFECCIONEM OS SINAIS COM A CARTOLINA – ELES PODEM SER DE CHÃO E DE PAREDE. AFIXEM OS SINAIS NOS LUGARES INDICADOS EM DIA MARCADO PELO PROFESSOR.

5. PARA AJUDAR AS PESSOAS A COMPREENDER E SEGUIR AS ORIENTAÇÕES DOS SINAIS, VOCÊS PODEM, COM O AUXÍLIO DE UM APITO, DAR INDICAÇÕES DAS DIREÇÕES A SEGUIR E DO SIGNIFICADO DOS SINAIS.

E ENTÃO, COMO VOCÊ AVALIA A EXPERIÊNCIA: O TRABALHO DO AGENTE DE TRÂNSITO É INTERESSANTE? COMPARTILHE SUAS DESCOBERTAS COM OS COLEGAS.

UNIDADE 2

FAMÍLIAS

Ilustra Cartoon/Arquivo da editora

VAMOS CONVERSAR?

- VOCÊ RECONHECE ESTES LUGARES?
- COMO VOCÊ IMAGINA QUE SEJAM AS FAMÍLIAS NESSES PAÍSES?

O QUE VOU ESTUDAR?

- DIVERSAS FAMÍLIAS AO REDOR DO MUNDO
- DIFERENÇAS E SEMELHANÇAS CULTURAIS

CAPÍTULO 3

DIFERENÇAS E SEMELHANÇAS ENTRE AS FAMÍLIAS

AS FAMÍLIAS APRESENTAM DIVERSAS COMPOSIÇÕES: UM PAI E SEUS FILHOS; UM PAI, UMA MÃE E SEUS FILHOS; UM CASAL SEM FILHOS; UM AVÔ E SEUS NETOS, ENTRE MUITAS OUTRAS POSSIBILIDADES.

ESTA FAMÍLIA DE ORIGEM GREGA SE PREPARA PARA PARTICIPAR DE UM EVENTO TRADICIONAL (UCRÂNIA), 2013.

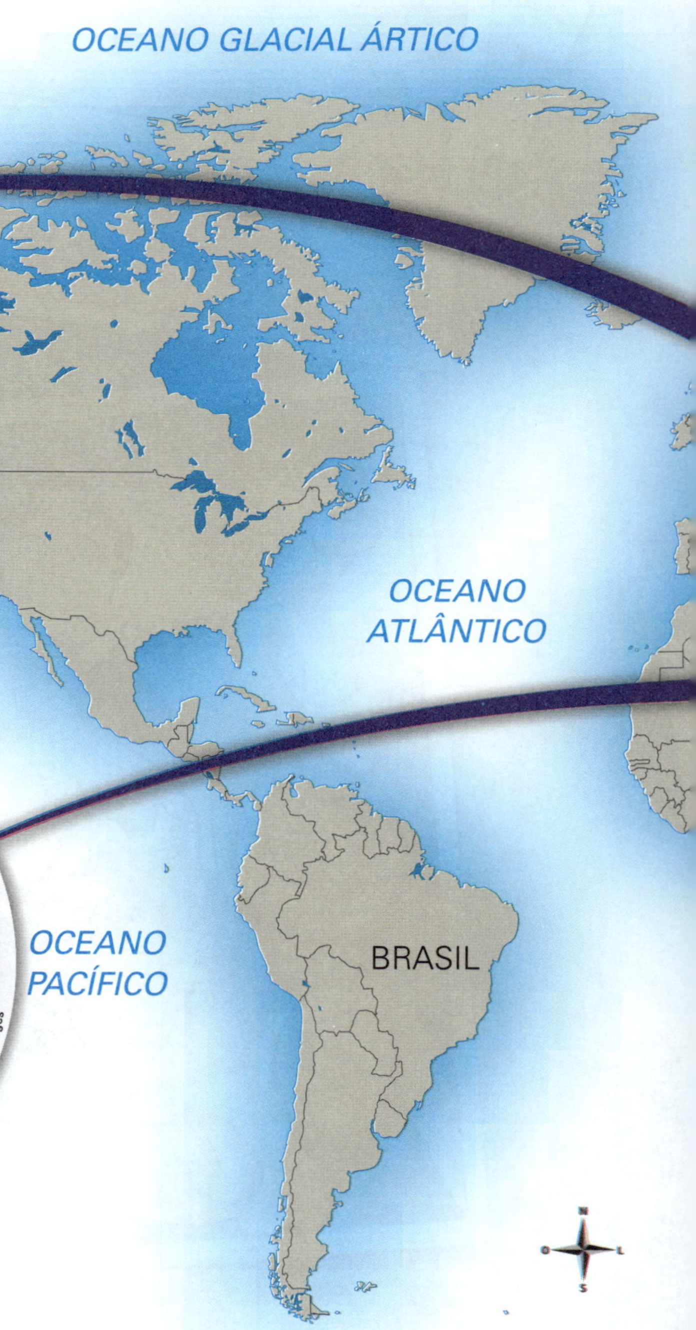

ESTA FAMÍLIA SE REUNIU PARA CELEBRAR O ANO-NOVO, EM BANGCOC (TAILÂNDIA), 2014.

ESSA DIVERSIDADE DE FAMÍLIAS TAMBÉM É ENCONTRADA ENTRE OS PAÍSES. NO BRASIL, POR EXEMPLO, AS FAMÍLIAS NÃO SÃO, EM GERAL, NUMEROSAS. O NÚMERO DE FILHOS ESTÁ CADA VEZ MENOR.

AS FOTOGRAFIAS MOSTRAM QUATRO FAMÍLIAS REUNIDAS EM UMA OCASIÃO ESPECIAL. APESAR DE SEREM DIVERSAS, ELAS TÊM MUITO EM COMUM.

ESSAS FAMÍLIAS SÃO PARECIDAS COM AS FAMÍLIAS BRASILEIRAS? POR QUÊ? SUA FAMÍLIA SE PARECE COM ALGUMA DELAS?

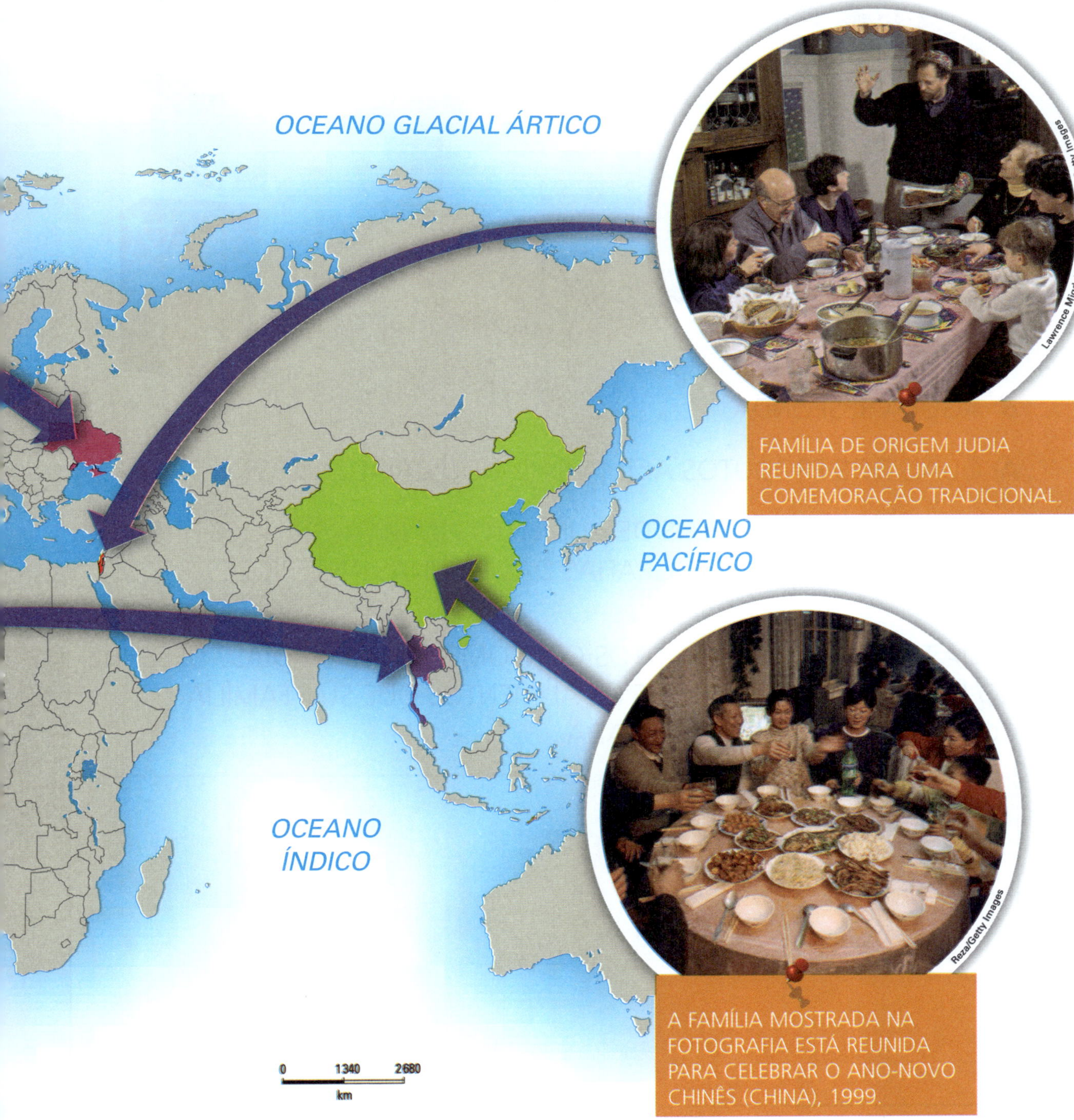

FAMÍLIA DE ORIGEM JUDIA REUNIDA PARA UMA COMEMORAÇÃO TRADICIONAL.

A FAMÍLIA MOSTRADA NA FOTOGRAFIA ESTÁ REUNIDA PARA CELEBRAR O ANO-NOVO CHINÊS (CHINA), 1999.

ATIVIDADES

1 IDENTIFIQUE OS ALIMENTOS CONSUMIDOS PELAS FAMÍLIAS MOSTRADAS NAS FOTOGRAFIAS DAS PÁGINAS ANTERIORES.

Nattika/Shutterstock/Glow Images

aarrows/Shutterstock/Glow Images

Volosina/Shutterstock/Glow Images

fuyu liu/Shutterstock/Glow Images

Gocman/Shutterstock/Glow Images

Dorling Kindersley/Getty Images

- AGORA RESPONDA:

A) QUAIS DOS PRODUTOS ACIMA SÃO INDUSTRIALIZADOS?

B) QUE OUTROS EXEMPLOS DE ALIMENTOS *IN NATURA* VOCÊ IDENTIFICOU NAS FOTOGRAFIAS DAS PÁGINAS ANTERIORES?

2 E SUA FAMÍLIA, QUE ALIMENTOS CONSOME TODOS OS DIAS? DESENHE NO ESPAÇO A SEGUIR TODOS OS ALIMENTOS QUE SUA FAMÍLIA CONSUMIU NA SEMANA PASSADA.

3 SUA FAMÍLIA TEM UMA RECEITA PREFERIDA? QUE TAL COMPARTILHAR COM SEUS COLEGAS? COM A AJUDA DE UM ADULTO, PREENCHA O QUADRO A SEGUIR.

Ilustra Cartoon/Arquivo da editora

SAIBA MAIS

ARROZ E FEIJÃO

NOSSO PAÍS TEM UMA RICA CULINÁRIA. AS REGIÕES TÊM SEUS PRATOS TÍPICOS, QUE UTILIZAM OS INGREDIENTES MAIS APRECIADOS PELA POPULAÇÃO DO LUGAR. HÁ, NO ENTANTO, DOIS ALIMENTOS QUE ESTÃO PRESENTES NA MESA DA MAIOR PARTE DAS FAMÍLIAS BRASILEIRAS: O ARROZ E O FEIJÃO.

A. Parramón/AP Photo

NA SUA FAMÍLIA, A COMBINAÇÃO DE ARROZ E FEIJÃO ESTÁ PRESENTE NO DIA A DIA?

O TEMA É...

O AMBIENTE FÍSICO INFLUENCIA NOSSOS HÁBITOS?

George Holton/Photo Researchers/Getty Images

Mark Hannaford/AWL Images/Getty Images

- VOCÊ CONHECE ESSES POVOS?
- AS ROUPAS DELES TÊM RELAÇÃO COM O CLIMA DO LUGAR ONDE VIVEM? QUAIS?

Stockbyte/Getty Images

Tyler Stableford/The Image Bank/Getty Images

- VOCÊ JÁ PRECISOU ESCOLHER UMA ROUPA DE ACORDO COM A CONDIÇÃO DO TEMPO?
- E O CONTRÁRIO: VOCÊ USA ALGUMA ROUPA SEM SE PREOCUPAR COM O TEMPO?

Shebeko/Shutterstock/Glow Images

Bacho/Shutterstock/Glow Images

simas2/Shutterstock/Glow Images

Alexander Bark/Shutterstock/Glow Images

Vinicius Tupinamba/Shutterstock/Glow Images

- VOCÊ CONHECE ESSES ALIMENTOS? PESQUISE A RESPEITO DA ORIGEM DELES E COMPARTILHE COM OS COLEGAS SUAS DESCOBERTAS.
- NO MUNICÍPIO ONDE VOCÊ VIVE HÁ EXEMPLOS DE PRATOS DA CULINÁRIA QUE TÊM ORIGEM EM LUGARES DISTANTES? QUAIS?

CONVERSE COM OS ADULTOS DE SUA FAMÍLIA E PERGUNTE SE VOCÊS MANTÊM ALGUM COSTUME HERDADO DE AVÓS OU OUTROS ANTEPASSADOS. ESSE COSTUME ESTÁ RELACIONADO A ALGUMA CARACTERÍSTICA DO LOCAL DE ORIGEM DESSAS PESSOAS? COMPARTILHE SUAS DESCOBERTAS COM OS COLEGAS.

IDEIAS EM AÇÃO

DIVULGANDO SUA RECEITA FAVORITA

DIVERSAS FAMÍLIAS TÊM CADERNOS DE RECEITAS QUE PASSAM DE UMA GERAÇÃO PARA OUTRA. COM A RECEITA EM MÃOS, UMA CRIANÇA PODE PREPARAR O DOCE FAVORITO DE SEU BISAVÔ MESMO SEM NUNCA TÊ-LO CONHECIDO.

VOCÊ TEM UM PRATO FAVORITO? QUEM O PREPARA PARA VOCÊ: SEU PAI, SUA MÃE, SUA AVÓ? ELE PRECISA DE UMA RECEITA PARA PREPARÁ-LO? QUE TAL REGISTRÁ-LA PARA QUE TODOS A CONHEÇAM?

MATERIAL NECESSÁRIO

- REVISTAS E JORNAIS
- LÁPIS DE COR
- CANETINHAS COLORIDAS

COMO FAZER

1. OBSERVE O PREPARO DA RECEITA DE SEU PRATO FAVORITO. QUAIS SÃO OS INGREDIENTES? COMO ELE É PREPARADO?
2. PROCURE NAS REVISTAS E JORNAIS IMAGENS QUE REPRESENTEM OS INGREDIENTES DA RECEITA E COLE-AS NO ESPAÇO DA PÁGINA SEGUINTE. VOCÊ TAMBÉM PODE DESENHÁ-LOS.

Milton Carelo/Arquivo da editora

3. IDENTIFIQUE CADA INGREDIENTE PELO NOME. VOCÊ TAMBÉM PODE INDICAR AS QUANTIDADES.

INGREDIENTES

4. AGORA PESQUISE IMAGENS QUE AJUDEM A EXPLICAR COMO A RECEITA É PREPARADA. ORGANIZE AS ETAPAS NA SEQUÊNCIA CORRETA, DE ACORDO COM O QUE VOCÊ OBSERVOU NO PREPARO DO PRATO.

PREPARO

UNIDADE

3 A CASA

Ilustra Cartoon/Arquivo da editora

VAMOS CONVERSAR?

- VOCÊ CONHECE ALGUMA DESSAS MORADIAS? QUAL(IS)?
- ALGUMA DELAS SE PARECE COM A SUA? POR QUÊ?

O QUE VOU ESTUDAR?

- OS DIFERENTES TIPOS DE CASA
- OS CÔMODOS DE UMA CASA

CAPÍTULO 4

OS TIPOS DE CASA

OED

AS PESSOAS VIVEM EM MORADIAS DIFERENTES.

ESSAS DIFERENÇAS OCORREM DE ACORDO COM O LUGAR ONDE AS HABITAÇÕES SÃO CONSTRUÍDAS E COM AS PREFERÊNCIAS E CONDIÇÕES DE VIDA DAS PESSOAS QUE NELAS VIVEM.

- COMO É A CASA ONDE VOCÊ MORA? VOCÊ GOSTA DELA? CONTE AOS COLEGAS.

OBSERVE COMO AS CASAS PODEM SER DIFERENTES:

João Prudente/Pulsar Imagens

TRACUATEUA (PA), 2013. NO CAMPO, AS MORADIAS GERALMENTE SÃO TÉRREAS.

Edson Grandisoli/Arquivo da editora

MANAUS (AM), 2012. CASAS CONHECIDAS COMO PALAFITAS, CONSTRUÍDAS SOBRE ESTACAS DE MADEIRA.

Mauricio Simonetti/Arquivo da editora

BOTUCATU (SP), 2010. NA CIDADE, HÁ MUITAS CASAS E PRÉDIOS RESIDENCIAIS.

ATIVIDADES

1 AS MORADIAS ESTÃO LOCALIZADAS EM DIFERENTES LUGARES E SÃO DE TIPOS DIFERENTES. OBSERVE AS FOTOS AO LADO.

- AGORA, CONVERSE COM SEUS COLEGAS SOBRE AS SEGUINTES QUESTÕES:

A) QUE DIFERENÇAS VOCÊS OBSERVAM ENTRE AS MORADIAS DAS DUAS FOTOS?

B) HÁ SEMELHANÇAS ENTRE ELAS? QUAIS?

C) EM QUAL DAS MORADIAS HÁ MAIOR NÚMERO DE CÔMODOS?

1

val lawless/Shutterstock/Glow Images

2

Susan Law Cain/Shutterstock/Glow Images

2 LEIA O TEXTO A SEGUIR.

> NA MINHA RUA TINHA UMA CASA GRANDE,
> ONDE NÃO MORAVA NINGUÉM.
> AGORA DEMOLIRAM A CASA E ESTÃO
> CONSTRUINDO UM PRÉDIO.
>
> **A RUA DO MARCELO**, DE RUTH ROCHA. SÃO PAULO: MODERNA, 2011.

- AGORA, RESPONDAM:

A) O QUE HAVIA NA RUA?

◯ CASA ◯ PLANTAÇÃO

B) O QUE FOI CONSTRUÍDO NO LUGAR DO QUE FOI DEMOLIDO?

◯ CASA ◯ PRÉDIO ◯ PRAÇA

O TEMA É...

A CASA E SUA FUNÇÃO DE ABRIGO

Sylvia Schug/E+/Getty Images

- PARA QUE SERVEM AS PORTAS E AS JANELAS? COMO ELAS FUNCIONAM?
- NA SUA RESIDÊNCIA HÁ ALGO QUE FOI ESPECIALMENTE CONSTRUÍDO PARA PROTEÇÃO CONTRA CHUVA OU CALOR, POR EXEMPLO? COMO FUNCIONA?
- NO LUGAR ONDE VOCÊ MORA HÁ PESSOAS QUE NÃO VIVEM EM RESIDÊNCIAS? ONDE ELAS DORMEM? COMO SE PROTEGEM?

Ant Clausen/Shutterstock/Glow Images

A PRINCIPAL FUNÇÃO DAS MORADIAS É NOS ABRIGAR E NOS PROTEGER DO SOL, DO FRIO, DA CHUVA, DA NEVE, DE TEMPESTADES E DO ATAQUE DE ANIMAIS.

Cavallari/Folhapress

GRADES E MUROS SÃO OS PRINCIPAIS ELEMENTOS DE SEGURANÇA DAS RESIDÊNCIAS.

Manun Ngueampha/Shutterstock/Glow Images

OS EQUIPAMENTOS DE PROTEÇÃO CONTRA INCÊNDIO TAMBÉM SÃO ITENS DE SEGURANÇA.

- A SUA RESIDÊNCIA TEM ALGO ESPECIALMENTE CONSTRUÍDO PARA GARANTIR A SEGURANÇA? O QUÊ?
- VOCÊ SE SENTE SEGURO EM SUA RESIDÊNCIA? COMPARTILHE SUAS EXPERIÊNCIAS COM OS COLEGAS.

Brito Jr./Folhapress

ESSA PROTEÇÃO CONTRA ENCHENTES É MUITO UTILIZADA NAS ÁREAS QUE COSTUMAM ALAGAR APÓS UMA CHUVA FORTE.

AO LONGO DA HISTÓRIA DOS SERES HUMANOS, AS MORADIAS MUDARAM BASTANTE.

- EM SUA OPINIÃO, QUAIS CARACTERÍSTICAS DAS MORADIAS ATUAIS EXISTEM HÁ MUITO TEMPO?
- QUE ELEMENTOS DAS MORADIAS ATUAIS SÃO RECENTES?

CAPÍTULO 5

OS CÔMODOS DE UMA CASA

A CASA DE JOANA TEM DOIS QUARTOS, UM BANHEIRO, UMA SALA E UMA COZINHA. NO FUNDO, HÁ UM QUINTAL, ONDE FICAM TITA, SUA GATA, E TOTÓ, SEU CACHORRO.

CADA LUGAR DA CASA SE CHAMA CÔMODO E É USADO PARA UMA ATIVIDADE DIFERENTE. NA SALA, POR EXEMPLO, JOANA LÊ LIVROS COM OS IRMÃOS, BRINCA COM OS AMIGOS, DEITA NO SOFÁ PARA DESCANSAR.

NA COZINHA, SEUS PAIS PREPARAM AS REFEIÇÕES. E É LÁ TAMBÉM QUE A FAMÍLIA SE REÚNE PARA ALMOÇAR OU JANTAR.

Ilustra Cartoon/Arquivo da editora

ATIVIDADES

1 OBSERVE A FIGURA ABAIXO E CONVERSE COM SEUS COLEGAS A RESPEITO DA UTILIDADE DE CADA CÔMODO MOSTRADO. DEPOIS, CONSULTE O QUADRO E ESCREVA O NOME DE CADA CÔMODO NOS ESPAÇOS CORRETOS.

COZINHA	QUARTO	BANHEIRO	SALA

Adelmo Naccari/Arquivo da editora

2 CONVERSE COM SEUS COLEGAS E O PROFESSOR A RESPEITO DAS SEGUINTES QUESTÕES:

A) COMO SÃO OS CÔMODOS DA SUA CASA?

B) DE QUAL CÔMODO VOCÊ MAIS GOSTA? POR QUÊ?

- CONTE AOS COLEGAS O QUE VOCÊ GOSTA DE FAZER NO SEU CÔMODO FAVORITO. DEPOIS, ESCUTE O QUE ELES TÊM A DIZER.

IDEIAS EM AÇÃO

BRINCANDO COM O TANGRAM

ORIGINÁRIO DA CHINA, ONDE ELE É CONHECIDO COMO "TÁBUA DAS SETE ASTÚCIAS" OU "TÁBUA DA SABEDORIA", ESSE JOGO VAI LHE POSSIBILITAR REPRESENTAR TODOS OS TIPOS DE FIGURA AO SABOR DA SUA FANTASIA.

MÉGA EXPÉRIENCES. PARIS: NATHAN, 1995. P. 174. (TEXTO ADAPTADO).

MATERIAL NECESSÁRIO

- UM QUADRADO DE PAPEL GROSSO (PODE SER COLORIDO)
- TESOURA SEM PONTAS
- RÉGUA
- LÁPIS PRETO
- LÁPIS DE COR E CANETINHAS COLORIDAS (OPCIONAL)

COMO FAZER

1. COM AUXÍLIO DA RÉGUA, TRACE SOBRE O PAPEL AS LINHAS INDICADAS NA ILUSTRAÇÃO.
2. RECORTE AS PEÇAS SEGUINDO AS LINHAS QUE VOCÊ TRAÇOU.
3. PRONTO, VOCÊ JÁ TEM AS PEÇAS DO JOGO! SE QUISER, USE OS LÁPIS DE COR E AS CANETINHAS PARA PINTÁ-LO.

Ilustrações: Ilustra Cartoon/Arquivo da editora

4. OBSERVE ATENTAMENTE O FORMATO DE TODAS AS PEÇAS DO TANGRAM. AS ILUSTRAÇÕES A SEGUIR VÃO TE AJUDAR NESSA TAREFA.

UM MESMO TRIÂNGULO PODE SER FORMADO POR DIFERENTES PEÇAS.

COM OS DOIS TRIÂNGULOS MENORES, VOCÊ PODE FORMAR ESSAS TRÊS FIGURAS.

Ilustrações: Ilustra Cartoon/Arquivo da editora

5. AGORA TENTE CONSTRUIR DIFERENTES MORADIAS COM O USO DAS PEÇAS DO TANGRAM. REGISTRE-AS NOS ESPAÇOS ABAIXO. OBSERVE O MODELO.

ATIVIDADE ADAPTADA DE: **MÉGA EXPÉRIENCES**. PARIS: NATHAN, 1995. P. 174-175.

UNIDADE 4

A ESCOLA E SEUS ARREDORES

VAMOS CONVERSAR?

- COMO É O LUGAR ONDE FICA ESTA ESCOLA? É UM BAIRRO MOVIMENTADO?
- NA ILUSTRAÇÃO, COMO AS CRIANÇAS CHEGAM À ESCOLA?
- E VOCÊ, COMO VAI À ESCOLA?

O QUE VOU ESTUDAR?

- A SALA DE AULA E OS OBJETOS QUE HÁ DENTRO DELA
- O CAMINHO DE CASA ATÉ A ESCOLA
- O ENDEREÇO DA ESCOLA

Ilustra Cartoon/Arquivo da editora

ESCOLA

CAPÍTULO 6

A SALA DE AULA

A ESCOLA PODE TER VÁRIOS AMBIENTES, COMO SALA DE AULA, PÁTIO, BIBLIOTECA, SALA DOS PROFESSORES E SECRETARIA.

NA SALA DE AULA, OS ALUNOS ESTUDAM, FAZEM TRABALHOS, TROCAM IDEIAS E EXPERIÊNCIAS.

NUMA SALA DE AULA, GERALMENTE ENCONTRAMOS MESAS, CADEIRAS, CARTEIRAS, LOUSA, CESTO DE LIXO E ARMÁRIOS.

OBSERVE A SALA DE AULA ONDE JOANA ESTUDA E RESPONDA: SUA SALA DE AULA É PARECIDA COM ESTA?

Ilustra Cartoon/Arquivo da editora

SAIBA MAIS

APRENDER ALÉM DA SALA DE AULA

NÃO É SÓ NA SALA DE AULA QUE SE APRENDEM COISAS NOVAS. A ESCOLA É UM ESPAÇO DE CONVIVÊNCIA. CONVIVER COM OS PROFESSORES, OS FUNCIONÁRIOS E OS COLEGAS TAMBÉM É MUITO ENRIQUECEDOR.

HÁ MUITAS COISAS DIVERTIDAS PARA FAZER DENTRO E FORA DA SALA DE AULA. NA BIBLIOTECA, POR EXEMPLO, É POSSÍVEL APRENDER COM OS LIVROS, E NO PÁTIO É POSSÍVEL APRENDER BRINCANDO COM OS COLEGAS E CONVERSANDO COM OS FUNCIONÁRIOS DA ESCOLA.

ATIVIDADES

1 FAÇA UM **X** NOS OBJETOS QUE HÁ EM SUA SALA DE AULA.

RTimages/Shutterstock/Glow Images

Heike Brauer/Shutterstock/Glow Images

Kai Keisuke/Shutterstock/Glow Images

Vereshchagin Dmitry/Shutterstock/Glow Images

2 FAÇA UMA LISTA DE OUTROS OBJETOS QUE EXISTEM EM SUA SALA DE AULA E QUE NÃO APARECEM ACIMA.

....

....

3 VOCÊ SABE O NOME DE TODOS OS SEUS COLEGAS DE CLASSE? COM A AJUDA DO PROFESSOR, ESCREVA O NOME DE QUEM SE SENTA:

A) À SUA FRENTE: ....

B) ATRÁS DE VOCÊ: ....

C) À SUA DIREITA: ....

D) À SUA ESQUERDA: ....

O CAMINHO DE CASA ATÉ A ESCOLA

PARA IR ATÉ A ESCOLA, JOANA FAZ O TRAJETO DE CASA A PÉ, ACOMPANHADA DE SEU PAI.

ELES CAMINHAM POR ALGUMAS RUAS. APESAR DE FAZER SEMPRE O MESMO TRAJETO, CADA DIA ELA PERCEBE UMA COISA DIFERENTE.

VEJA NA ILUSTRAÇÃO ABAIXO UM TRECHO DO TRAJETO PERCORRIDO POR JOANA E O PAI DELA.

Ilustra Cartoon/Arquivo da editora

- CONTE AOS COLEGAS OS PRINCIPAIS PONTOS DE REFERÊNCIA QUE VOCÊ VÊ NO TRAJETO DE CASA PARA A ESCOLA.

ATIVIDADES

1 CONVERSE COM OS COLEGAS E O PROFESSOR E RESPONDA:

A) SUA CASA FICA PERTO OU LONGE DA ESCOLA?

....

B) COMO VOCÊ VAI À ESCOLA: A PÉ OU UTILIZA ALGUM MEIO DE TRANSPORTE, COMO CARRO, ÔNIBUS ESCOLAR, ENTRE OUTROS? DESENHE SUA RESPOSTA.

2 O QUE VOCÊ COSTUMA VER NOS LUGARES POR ONDE PASSA ATÉ CHEGAR À ESCOLA? ASSINALE COM A AJUDA DO PROFESSOR.

- ◯ RUAS
- ◯ MORROS
- ◯ PLANTAÇÕES
- ◯ RIO
- ◯ CACHORROS
- ◯ GATOS
- ◯ VACAS
- ◯ CAVALOS
- ◯ MERCADO
- ◯ PRAIA
- ◯ ESTRADA
- ◯ CASAS
- ◯ EDIFÍCIOS
- ◯ PONTE
- ◯ FARMÁCIA
- ◯ FÁBRICAS

O TEMA É...

A ORGANIZAÇÃO DA SALA DE AULA

Joseph Sohm/Shutterstock/Glow Images

- QUE OBJETOS AS TRÊS SALAS DE AULA TÊM EM COMUM? QUAIS SÃO AS DIFERENÇAS?
- A SUA SALA DE AULA TEM A ORGANIZAÇÃO SEMELHANTE A ALGUMA DESSAS?

KPG Payless2/Shutterstock/Glow Images

B Brown/Shutterstock/Glow Images

DIVERSAS ESCOLAS AO REDOR DO MUNDO MUDARAM SUA ORGANIZAÇÃO FÍSICA, POR EXEMPLO, ELIMINANDO AS DIVISÕES ENTRE AS SALAS DE AULAS: TODOS OS ALUNOS COMPARTILHAM OS MESMOS ESPAÇOS. HÁ TAMBÉM MUDANÇAS MAIS PONTUAIS, COMO A TRANSFORMAÇÃO NA DISPOSIÇÃO DE CARTEIRAS E CADEIRAS.

- EM SUA OPINIÃO, A DISPOSIÇÃO DAS CARTEIRAS INFLUENCIA O APRENDIZADO EM SALA DE AULA? COMO?
- COMO AS CARTEIRAS DE SUA SALA DE AULA SÃO ORGANIZADAS?
- VOCÊ GOSTA DA ORGANIZAÇÃO ATUAL DA SUA SALA DE AULA?

Antônio Lúcio/Agência Estado

- VOCÊ PERCEBE SEMELHANÇAS ENTRE ESSA SALA DE AULA E A SUA? E DIFERENÇAS?
- COMO VOCÊ IMAGINA QUE ERAM AS AULAS NO PERÍODO RETRATADO NA FOTOGRAFIA?

CAPÍTULO 7

O ENDEREÇO DA ESCOLA

A PROFESSORA DE JOANA LEVOU A CLASSE PARA FAZER UM PASSEIO PELO BAIRRO ONDE FICA A ESCOLA. AS CRIANÇAS OBSERVARAM TUDO COM BASTANTE ATENÇÃO. VEJA AO LADO.

AO FIM DA ATIVIDADE, A PROFESSORA PEDIU AOS ALUNOS QUE INDICASSEM A LOCALIZAÇÃO DA ESCOLA. COMO VOCÊ RESPONDERIA A ESSA QUESTÃO?

Ilustra Cartoon/Arquivo da editora

E SE A ESCOLA DE JOANA FICASSE NUMA DAS RUAS MOSTRADAS NA IMAGEM A SEGUIR, COMO VOCÊ A LOCALIZARIA?

Sergio Israel/Pulsar Imagens

RIO DE JANEIRO (RJ), 2012.

ATIVIDADES

1 COM A AJUDA DO PROFESSOR, ESCREVA O ENDEREÇO DE SUA ESCOLA.

ESCOLA: ....

....

RUA/PRAÇA/ESTRADA/AVENIDA, NÚMERO:

....

BAIRRO: ....

CIDADE: ....

2 FAÇA UM DESENHO DA RUA ONDE SUA ESCOLA ESTÁ LOCALIZADA.

IDEIAS EM AÇÃO

CONHECENDO A FUNÇÃO DAS ROLDANAS

VOCÊ JÁ SE PERGUNTOU COMO OS MATERIAIS DE CONSTRUÇÃO PESADOS SÃO LEVADOS PARA O ALTO DAS EDIFICAÇÕES? ATUALMENTE, MUITAS OBRAS CONTAM COM ELEVADORES, MAS HÁ OUTRA FORMA, MAIS ANTIGA E MUITO MAIS BARATA, DE SUBIR OS MATERIAIS: AS ROLDANAS.

Sergio Dotta Jr./Arquivo da editora

MATERIAL NECESSÁRIO

- DOIS CABOS DE VASSOURA
- UMA CORDA LONGA

Ilustra Cartoon/Arquivo da editora

COMO FAZER

1. PRIMEIRAMENTE, FORMEM GRUPOS DE 5 PESSOAS. POSICIONEM-SE DA SEGUINTE MANEIRA: 4 PESSOAS DE UM LADO DA CORDA E UMA DO OUTRO. COM CUIDADO, TODOS COMEÇAM A PUXAR A CORDA.

2. AGORA, COM A AJUDA DO PROFESSOR, TRANCEM A CORDA NOS CABOS DA VASSOURA COMO INDICADO NA ILUSTRAÇÃO AO LADO.

Ilustrações: Ilustra Cartoon/Arquivo da editora

SOZINHO CONTRA OS OUTROS E AINDA ASSIM É FÁCIL APROXIMAR OS DOIS CABOS DE VASSOURA! É COMO SE VOCÊ UTILIZASSE ROLDANAS.

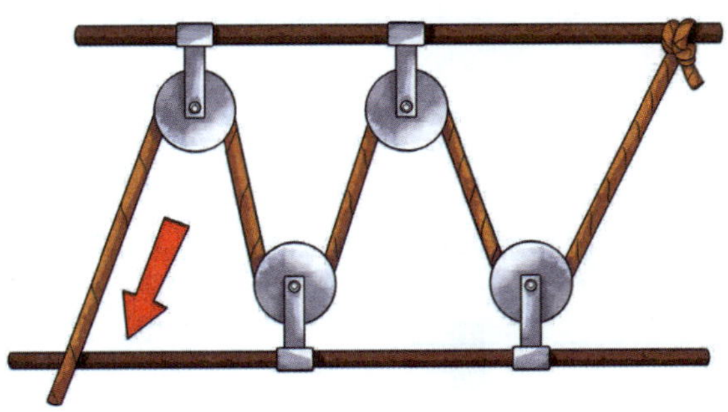

ATIVIDADE ADAPTADA DE: **MÉGA EXPÉRIENCES**. PARIS: NATHAN, 1995. P. 119.

Reprodução/Editora Scipione

"ESSA RUA É NOSSA!": APRENDENDO A CONVIVER NO ESPAÇO PÚBLICO

BEATRIZ MEIRELLES. SÃO PAULO: SCIPIONE.

AS RUAS FORAM FEITAS PARA TODOS NÓS. POR ISSO, É MUITO IMPORTANTE CUIDAR DO ESPAÇO PÚBLICO. AO LER ESSE LIVRO, VOCÊ APRENDERÁ REGRAS BÁSICAS PARA GARANTIR SEU DIREITO DE IR E VIR PELAS RUAS DA CIDADE E AINDA CONHECERÁ ALGUNS SINAIS DE TRÂNSITO.

Reprodução/Editora Global

TREM DE FERRO

MANUEL BANDEIRA. SÃO PAULO: GLOBAL.

QUE TAL UMA VIAGEM DE TREM? PREPARE-SE, AJEITE-SE NO BANCO E PRESTE ATENÇÃO NA MÚSICA QUE ELE PARECE CRIAR AO PARTIR DA ESTAÇÃO: "CAFÉ COM PÃO, CAFÉ COM PÃO, CAFÉ COM PÃO"...

Reprodução/Editora Ática

VEJAM COMO EU SEI ESCREVER

JOSÉ PAULO PAES. SÃO PAULO: ÁTICA.

NESTE LIVRO VOCÊ ENCONTRARÁ POEMAS QUE FALAM DE SEU COTIDIANO: A ESCOLA, O DENTISTA, A CASA, OS ESPORTES, A TELEVISÃO...

Reprodução/Editora Ática

JECA, O TATU

ANA MARIA MACHADO. SÃO PAULO: ÁTICA.

JECA MORAVA SOB A TERRA E NUNCA TINHA NOVIDADES PARA CONTAR. ATÉ QUE FOI PARAR NA CIDADE E CONHECEU UM MUNDO DE COISAS DIFERENTES. AGORA, LÁ NA MATA, TODO MUNDO QUER OUVIR AS HISTÓRIAS QUE ELE TEM PARA CONTAR!

Reprodução/Editora Scipione

NA RUA

CLAIRE LLEWELLYN. SÃO PAULO: SCIPIONE. (TOME CUIDADO).

AO ATRAVESSAR A RUA, É PRECISO TER CERTEZA DE QUE NENHUM VEÍCULO SE APROXIMA. PARA FICAR SEGURO DENTRO DO CARRO, É FUNDAMENTAL O USO DO CINTO DE SEGURANÇA. ESSES SÃO EXEMPLOS DE REGRAS SIMPLES QUE PODEM EVITAR ACIDENTES GRAVES E MESMO FATAIS. O ASSUNTO É DISCUTIDO NA OBRA A PARTIR DE SITUAÇÕES DO COTIDIANO.

CÔMODO (P. 86):

NOME DAS PARTES DA CASA. O QUARTO, A COZINHA, A SALA, O BANHEIRO E A LAVANDERIA SÃO CÔMODOS DA CASA.

vesna cvorovic/Shutterstock/Glow Images

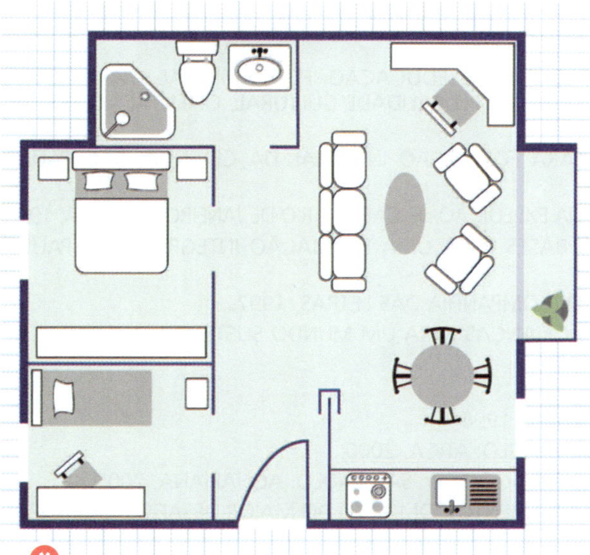

NESTA ILUSTRAÇÃO VEMOS A DISPOSIÇÃO DOS DIVERSOS CÔMODOS DE UM APARTAMENTO.

CONGESTIONAMENTO (P. 62):

ACÚMULO DE PESSOAS E VEÍCULOS QUE IMPEDE A LIVRE CIRCULAÇÃO.

Nelson Antoine/Fotoarena/FolhaPress

OSASCO (SP), 2013.

IN NATURA (P. 74):

ALIMENTO QUE NÃO SOFREU NENHUMA MODIFICAÇÃO, SEJA PELO COZIMENTO DOMÉSTICO, SEJA PELO PROCESSAMENTO INDUSTRIAL.

PEDESTRE (P. 64):

PESSOA A PÉ.

Palê Zuppani/Pulsar Imagens

FLORIANÓPOLIS (SC), 2014.

SEMÁFORO (P. 64):

APARELHO UTILIZADO PARA SINALIZAR RUAS, AVENIDAS E ESTRADAS.

Ilustrações: Adelmo Naccari/Arquivo da editora

SEMÁFORO PARA VEÍCULOS

SEMÁFORO PARA PEDESTRES

ALMEIDA, R. D. DE (ORG.). *CARTOGRAFIA ESCOLAR*. SÃO PAULO: CONTEXTO, 2007.

ALMEIDA, T. T. DE O. *JOGOS E BRINCADEIRAS NO ENSINO INFANTIL E FUNDAMENTAL*. SÃO PAULO: CORTEZ, 2005.

BASACCHI, M. *ORIGEM DAS DATAS COMEMORATIVAS*. SÃO PAULO: PAULINAS, 2000.

BITTENCOURT, C. (ORG.). *O SABER HISTÓRICO NA SALA DE AULA*. SÃO PAULO: CONTEXTO, 2001.

BRAGA, M. ET AL. *BREVE HISTÓRIA DA CIÊNCIA MODERNA:* DAS MÁQUINAS DO MUNDO AO UNIVERSO-MÁQUINA. RIO DE JANEIRO: JORGE ZAHAR, 2004.

BRASIL. MINISTÉRIO DA EDUCAÇÃO E DO DESPORTO. *ENSINO FUNDAMENTAL DE NOVE ANOS:* ORIENTAÇÕES PARA A INCLUSÃO DA CRIANÇA DE SEIS ANOS DE IDADE. BRASÍLIA: MEC/SEB/FNDE, 2006.

_______. MINISTÉRIO DA EDUCAÇÃO E DO DESPORTO. SECRETARIA DA EDUCAÇÃO FUNDAMENTAL. *PARÂMETROS CURRICULARES NACIONAIS:* HISTÓRIA E GEOGRAFIA. BRASÍLIA: MEC/SEF, 1997.

_______. MINISTÉRIO DA EDUCAÇÃO E DO DESPORTO. SECRETARIA DE EDUCAÇÃO FUNDAMENTAL. *PARÂMETROS CURRICULARES NACIONAIS:* TEMAS TRANSVERSAIS: APRESENTAÇÃO, ÉTICA, PLURALIDADE CULTURAL, ORIENTAÇÃO SEXUAL. BRASÍLIA: MEC/SEF, 1997.

BRITO, T. A. DE. *MÚSICA NA EDUCAÇÃO INFANTIL:* PROPOSTA PARA FORMAÇÃO INTEGRAL DA CRIANÇA. SÃO PAULO: PEIRÓPOLIS, 2003.

BUENO, E. *A VIAGEM DO DESCOBRIMENTO:* A VERDADEIRA HISTÓRIA DA EXPEDIÇÃO DE CABRAL. RIO DE JANEIRO: OBJETIVA, 1998.

BUSQUETS, M. D. ET AL. *TEMAS TRANSVERSAIS EM EDUCAÇÃO:* BASES PARA UMA FORMAÇÃO INTEGRAL. SÃO PAULO: ÁTICA, 2000.

CALDEIRA, J. ET AL. *VIAGEM PELA HISTÓRIA DO BRASIL*. SÃO PAULO: COMPANHIA DAS LETRAS, 1997.

CAPRA, F. ET AL. *ALFABETIZAÇÃO ECOLÓGICA*: A EDUCAÇÃO DAS CRIANÇAS PARA UM MUNDO SUSTENTÁVEL. TRADUÇÃO DE CARMEN FISCHER. SÃO PAULO: CULTRIX, 2006.

CASCUDO, L. DA C. *MADE IN AFRICA*. SÃO PAULO: GLOBAL, 2002.

CASTRO, S. *A CARTA DE PERO VAZ DE CAMINHA*. PORTO ALEGRE: L&PM, 1996.

COLL, C.; TEBEROSKY, A. *APRENDENDO HISTÓRIA E GEOGRAFIA*. SÃO PAULO: ÁTICA, 2000.

CUNHA, N. H. S. *CRIAR PARA BRINCAR:* A SUCATA COMO RECURSO PEDAGÓGICO. SÃO PAULO: AQUARIANA, 2005.

DOW, K.; DOWNING, T. E. *O ATLAS DA MUDANÇA CLIMÁTICA:* O MAPEAMENTO COMPLETO DO MAIOR DESAFIO DO PLANETA. TRADUÇÃO DE VERA CAPUTO. SÃO PAULO: PUBLIFOLHA, 2007.

ESTEBAN, M. T. *O QUE SABE QUEM ERRA? REFLEXÕES SOBRE AVALIAÇÃO E FRACASSO ESCOLAR*. 4. ED. RIO DE JANEIRO: DP&A, 2006.

FILIZOLA, R.; KOZEL, S. *DIDÁTICA DE GEOGRAFIA. MEMÓRIA DA TERRA: O ESPAÇO VIVIDO*. SÃO PAULO: FTD, 1996.

GÂNDAVO, P. DE M. *A PRIMEIRA HISTÓRIA DO BRASIL:* HISTÓRIA DA PROVÍNCIA DE SANTA CRUZ QUE VULGARMENTE CHAMAMOS BRASIL. RIO DE JANEIRO: JORGE ZAHAR, 2004.

GARDNER, H. *MENTES QUE MUDAM:* A ARTE E A CIÊNCIA DE MUDAR AS NOSSAS IDEIAS E AS DOS OUTROS. TRADUÇÃO DE MARIA ADRIANA VERONESE. PORTO ALEGRE: ARTMED, 2005.

GOULART, I. B. *PIAGET:* EXPERIÊNCIAS BÁSICAS PARA UTILIZAÇÃO PELO PROFESSOR. PETRÓPOLIS: VOZES, 2003.

GUZZO, V. *A FORMAÇÃO DO SUJEITO AUTÔNOMO:* UMA PROPOSTA DA ESCOLA CIDADÃ. CAXIAS DO SUL: EDUCS, 2004. (EDUCARE).

HARRIS, R.; NOLTE, D. L. *AS CRIANÇAS APRENDEM O QUE VIVENCIAM*. TRADUÇÃO DE MARIA LUIZA NEWLANDS SILVEIRA. RIO DE JANEIRO: SEXTANTE, 2003.

HORTA, C. F. DE M. M. *O GRANDE LIVRO DO FOLCLORE*. BELO HORIZONTE: LEITURA, 2004.

IBGE. *ATLAS GEOGRÁFICO ESCOLAR*. 4. ED. MINISTÉRIO DO PLANEJAMENTO, ORÇAMENTO E GESTÃO. RIO DE JANEIRO, 2007.

KARNAL, L. *HISTÓRIA NA SALA DE AULA:* CONCEITOS, PRÁTICAS E PROPOSTAS. 5. ED. SÃO PAULO: CONTEXTO, 2007.

KRAEMER, L. *QUANDO BRINCAR É APRENDER*. SÃO PAULO: LOYOLA, 2007.

LUCKESI, C. C. *AVALIAÇÃO DA APRENDIZAGEM ESCOLAR:* ESTUDOS E PROPOSIÇÕES. 18. ED. SÃO PAULO: CORTEZ, 2006.

MARZANO, R. J.; PICKERING, D. J.; POLLOCK, J. E. *O ENSINO QUE FUNCIONA*: ESTRATÉGIAS BASEADAS EM EVIDÊNCIAS PARA MELHORAR O DESEMPENHO DOS ALUNOS. TRADUÇÃO DE MAGDA LOPES. PORTO ALEGRE: ARTMED, 2008.

MAURO, H. *O DESCOBRIMENTO DO BRASIL*. RIO DE JANEIRO: MINISTÉRIO DA CULTURA/FUNARTE/CENTRO TÉCNICO AUDIOVISUAL, 1937. (VÍDEO).

MEIRELLES FILHO, J. C. *O LIVRO DE OURO DA AMAZÔNIA:* MITOS E VERDADES SOBRE A REGIÃO MAIS COBIÇADA DO PLANETA. RIO DE JANEIRO: EDIOURO, 2004.

MORIN, E. *A CABEÇA BENFEITA:* REPENSAR, REFORMAR O PENSAMENTO. RIO DE JANEIRO: BERTRAND BRASIL, 2001.

_______. *A RELIGAÇÃO DOS SABERES:* O DESAFIO DO SÉCULO XXI: JORNADAS TEMÁTICAS. TRADUÇÃO FLÁVIA NASCIMENTO. RIO DE JANEIRO: BERTRAND BRASIL, 2002.

PENTEADO, H. D. *METODOLOGIA DO ENSINO DE HISTÓRIA E GEOGRAFIA*. SÃO PAULO: CORTEZ, 1994.

PERRENOUD, P. ET AL. *A ESCOLA DE A A Z:* 26 MANEIRAS DE REPENSAR A EDUCAÇÃO. PORTO ALEGRE: ARTMED, 2005.

PETTER, M.; FIORIN, J. L. (ORG.). *ÁFRICA NO BRASIL:* A FORMAÇÃO DA LÍNGUA PORTUGUESA. SÃO PAULO: CONTEXTO, 2008.

SCHILLER, P.; ROSSANO, J. *ENSINAR E APRENDER BRINCANDO: MAIS DE 750 ATIVIDADES PARA EDUCAÇÃO INFANTIL*. TRADUÇÃO DE RONALDO CATALDO COSTA. PORTO ALEGRE: ARTMED, 2008.

SCHMIDT, M. A.; CAINELLI, M. *ENSINAR HISTÓRIA*. SÃO PAULO: SCIPIONE, 2004.

SILVA, A. DA C. E. *UM RIO CHAMADO ATLÂNTICO. A ÁFRICA NO BRASIL E O BRASIL NA ÁFRICA*. RIO DE JANEIRO: NOVA FRONTEIRA/ED. DA UFRJ, 2003.

SILVA, J. F. DA; HOFFMANN, J.; ESTEBAN, M. T. (ORG.). *PRÁTICAS AVALIATIVAS E APRENDIZAGENS SIGNIFICATIVAS:* EM DIFERENTES ÁREAS DO CURRÍCULO. PORTO ALEGRE: MEDIAÇÃO, 2003.

VERÍSSIMO, F. S. ET AL. *VIDA URBANA:* A EVOLUÇÃO DO COTIDIANO DA CIDADE BRASILEIRA. RIO DE JANEIRO: EDIOURO, 2001.

MATERIAL DE APOIO

1º ANO

ALMANAQUE DE DATAS ESPECIAIS

editora scipione

1º DE JANEIRO: DIA MUNDIAL DA PAZ

O DIA MUNDIAL DA PAZ DEVE SER TODOS OS DIAS, E VOCÊ PODE AJUDAR A ESPALHAR A PAZ RESPEITANDO AS DIFERENÇAS E AS OPINIÕES DE SEUS COLEGAS.

Ilustra Cartoon/Arquivo da editora

- O QUE CADA UM DE NÓS PODE FAZER PARA CONTRIBUIR PARA A PAZ MUNDIAL? DESENHE NO ESPAÇO ABAIXO.

CARNAVAL

O CARNAVAL É COMEMORADO DE DIFERENTES MANEIRAS EM NOSSO PAÍS. QUE TAL PINTAR ESTA CENA, DEIXANDO-A BEM COLORIDA?

Ilustra Cartoon/Arquivo da editora

- VOCÊ JÁ FOI A ALGUM BAILE DE CARNAVAL? E O QUE VOCÊ ACHA DE FAZER UM BAILE DE CARNAVAL COM SEUS COLEGAS? OBSERVE AS IMAGENS AO LADO E DÊ ASAS À IMAGINAÇÃO PARA CRIAR A SUA PRÓPRIA FANTASIA.

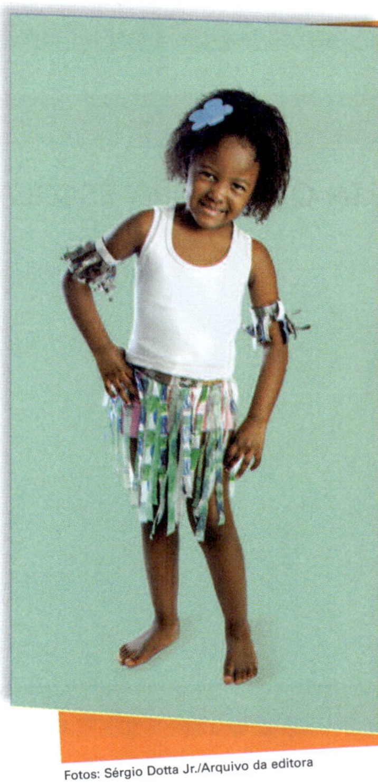

Fotos: Sérgio Dotta Jr./Arquivo da editora

15 DE MARÇO: DIA DA ESCOLA

PASSAMOS MUITO TEMPO DE NOSSA VIDA NA ESCOLA. POR ISSO, ELA DEVE SER UM LUGAR AGRADÁVEL.

- FAÇA UM DESENHO DE COMO A SUA ESCOLA É E OUTRO DE COMO VOCÊ ACHA QUE ELA DEVERIA SER (CASO VOCÊ ACHE QUE ELA PRECISA DE MUDANÇAS).

Ilustrações: Ilustra Cartoon/Arquivo da editora

19 DE ABRIL: DIA DO ÍNDIO

OS INDÍGENAS FORAM OS PRIMEIROS POVOS QUE VIVERAM NO TERRITÓRIO QUE HOJE CONHECEMOS COMO BRASIL. MUITOS ALIMENTOS, HÁBITOS E OBJETOS DOS INDÍGENAS CONTINUAM PRESENTES ATÉ HOJE NA CULTURA BRASILEIRA.

- PINTE OS ITENS DA CULTURA INDÍGENA QUE HOJE SÃO CONHECIDOS POR TODOS NÓS.

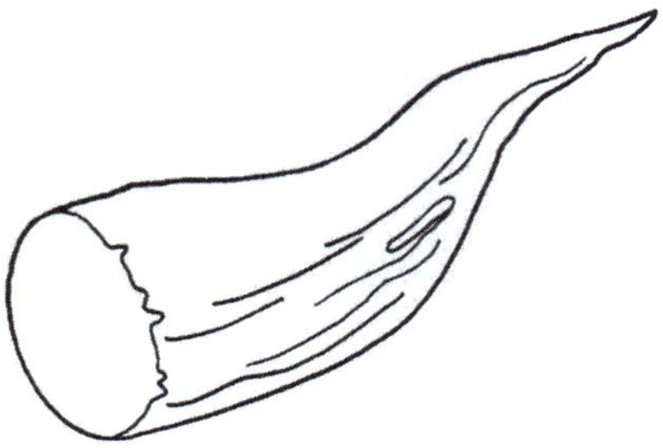
MANDIOCA

PETECA

CAMISA

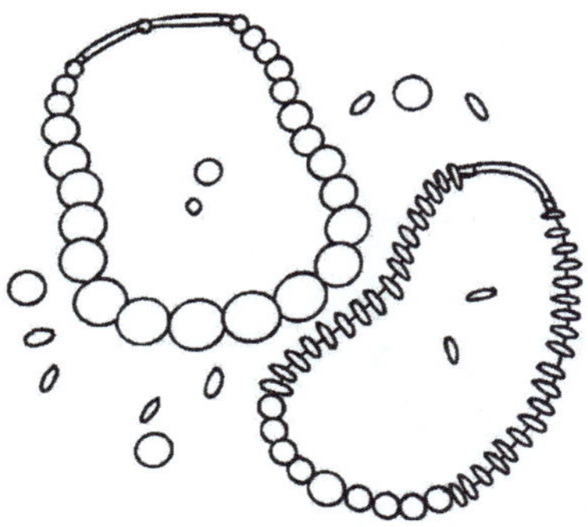
COLARES DE MADEIRA E SEMENTES

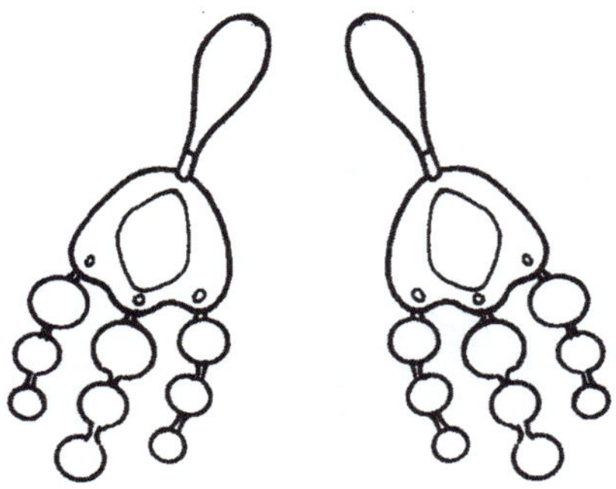
JOIA

LIVRO

Ilustrações: Ilustra Cartoon/Arquivo da editora

BONECA KARAJÁ

CARRINHO DE BRINQUEDO

PÁSCOA

A PÁSCOA ACONTECE TODOS OS ANOS E PODE SER COMEMORADA ENTRE OS DIAS 22 DE MARÇO E 25 DE ABRIL. A PALAVRA **PÁSCOA** SIGNIFICA 'PASSAGEM', VOCÊ SABIA?

- DIZ A LENDA QUE O COELHO DA PÁSCOA ESCONDE OVOS DE CHOCOLATE PARA QUE AS CRIANÇAS POSSAM PROCURÁ-LOS. ELE PASSOU POR AQUI E ESCONDEU DEZ OVOS. AJUDE AS CRIANÇAS A ENCONTRÁ-LOS, CIRCULANDO-OS.

Ilustra Cartoon/Arquivo da editora

8 DE MAIO: DIA DO ARTISTA PLÁSTICO

ARTISTA PLÁSTICO É AQUELE QUE FAZ ESCULTURAS, PINTURAS, GRAVURAS, DESENHOS, ENTRE OUTROS TIPOS DE OBRAS DE ARTE.

VEJA ALGUNS EXEMPLOS DE OBRAS DE ARTE FEITAS POR ARTISTAS PLÁSTICOS BRASILEIROS:

Museo de Arte Latinoamericano de Buenos Aires, Argentina.

ABAPORU, DE TARSILA DO AMARAL, 1928.

Rubens Chaves/Pulsar Imagens

ESCULTURA DE AÇO CRIADA POR TOMIE OHTAKE PARA A COMEMORAÇÃO DO CENTENÁRIO DA IMIGRAÇÃO JAPONESA. SANTOS (SP), 2008.

Leo Burgos/Acervo do fotógrafo

PINCELADA TRIDIMENSIONAL, DE MARCELLO NITSCHE, 2000.

Coleção particular, SP/Fundação Projeto Portinari.

MENINOS SOLTANDO PIPA, DE CANDIDO PORTINARI, 1947.

- VOCÊ SE LEMBRA DE ALGUMA OBRA FEITA POR UM ARTISTA PLÁSTICO? CONVERSE COM SEUS COLEGAS SOBRE ESSA OBRA.
- QUE TAL CRIAR A SUA PRÓPRIA OBRA DE ARTE? EM UMA FOLHA DE PAPEL, USE TODO O MATERIAL QUE QUISER: CANETINHAS, LÁPIS DE COR, GIZ DE CERA, RECORTES DE REVISTA, ETC.

18 DE JUNHO: DIA DA IMIGRAÇÃO JAPONESA

NOS ÚLTIMOS CEM ANOS, MUITOS JAPONESES VIERAM MORAR NO BRASIL. POR ISSO, HOJE MUITOS BRASILEIROS SÃO DESCENDENTES (FILHOS OU NETOS, POR EXEMPLO) DE JAPONESES.

- CIRCULE OS ITENS DA CULTURA JAPONESA QUE HOJE SÃO USADOS NO BRASIL.

Ilustrações: Ilustra Cartoon/Arquivo da editora

KARATÊ

VIOLÃO

FEIJOADA

QUIMONO

CAPOEIRA

SUSHI E SASHIMI

FRANGO ASSADO

MANGÁ

22 DE AGOSTO: DIA DO FOLCLORE

FOLCLORE SÃO FESTAS, CANTIGAS, DANÇAS, LENDAS, BRINCADEIRAS E RECEITAS QUE APRENDEMOS E ENSINAMOS A OUTRAS PESSOAS.

O FOLCLORE BRASILEIRO É RESULTADO DA INFLUÊNCIA DE VÁRIOS POVOS, POR ISSO VARIA MUITO DE UMA REGIÃO PARA OUTRA. OBSERVE O MAPA ABAIXO.

Kanton e Silvana/Arquivo da editora

SACI: MENINO NEGRO COM UMA PERNA SÓ QUE USA UM GORRO VERMELHO. ELE ADORA PREGAR PEÇAS NAS PESSOAS.

CUCA: VELHA COM CORPO DE JACARÉ. ELA APARECE NO MEIO DA NOITE PARA ROUBAR CRIANÇAS DESOBEDIENTES.

CURUPIRA: INDÍGENA PEQUENO, DE CABELO VERMELHO E PÉS VIRADOS PARA TRÁS. ELE PROTEGE A NATUREZA.

PROCURE NA CENA E PINTE DE ACORDO COM A LEGENDA:

- CUCA
- SACI
- LOBISOMEM
- CURUPIRA
- IARA
- BOITATÁ

Ilustra Cartoon/Arquivo da editora

5 DE SETEMBRO: DIA DA AMAZÔNIA

A AMAZÔNIA É UMA DAS MAIORES FLORESTAS DO MUNDO. VOCÊ JÁ OUVIU FALAR DELA?

Ernesto Reghran/Pulsar Imagens

TRECHO DE FLORESTA AMAZÔNICA NO MUNICÍPIO DE MANAUS (AM), 2009.

- PESQUISE SOBRE ANIMAIS E PLANTAS DA AMAZÔNIA E, NO ESPAÇO ABAIXO, FAÇA UM DESENHO PARA MOSTRAR AS SUAS DESCOBERTAS.

4 DE OUTUBRO: DIA DA NATUREZA

TODOS NÓS DEVEMOS CONVIVER EM HARMONIA COM A NATUREZA.

- OBSERVE AS DUAS IMAGENS A SEGUIR E CIRCULE AS SETE DIFERENÇAS ENTRE ELAS. AO FINAL, DISCUTA COM OS COLEGAS POR QUE ESSAS DIFERENÇAS PODEM AJUDAR A NATUREZA.

Ilustrações: Ilustra Cartoon/Arquivo da editora

19 DE NOVEMBRO: DIA DA BANDEIRA

A BANDEIRA É UM DOS SÍMBOLOS QUE REPRESENTAM O NOSSO PAÍS.

FOI EM 19 DE NOVEMBRO DE 1889 QUE A BANDEIRA ATUAL PASSOU A SER USADA PARA REPRESENTAR O BRASIL E FOI POUCO MODIFICADA DESDE ENTÃO.

VOCÊ SABIA QUE O NOSSO PAÍS JÁ TEVE OUTRAS BANDEIRAS? CONHEÇA ALGUMAS DELAS:

Divulgação/Arquivo da editora

BANDEIRA DO PRIMEIRO REINADO (1822-1831).

Divulgação/Arquivo da editora

BANDEIRA DE 1889.

- AGORA, QUE TAL PINTAR A BANDEIRA ATUAL DO BRASIL?

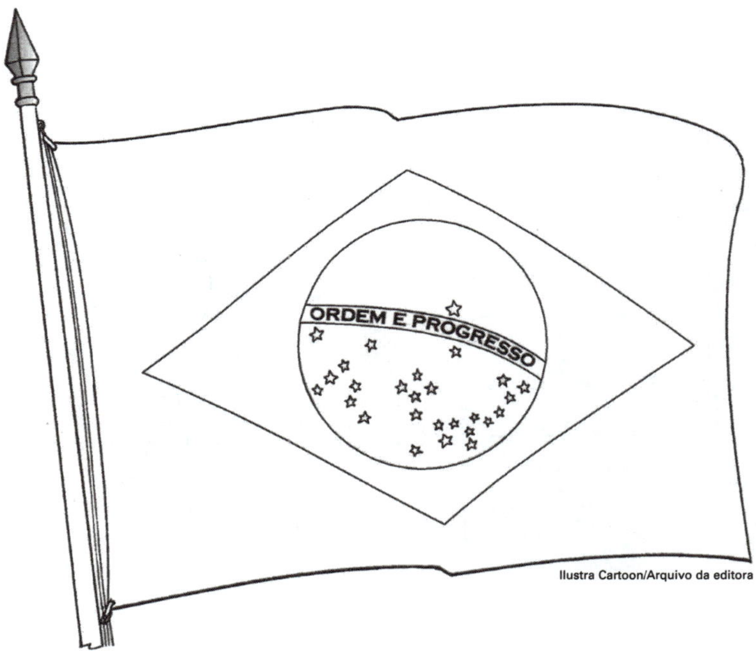

Ilustra Cartoon/Arquivo da editora

10 DE DEZEMBRO: DIA INTERNACIONAL DO PALHAÇO

NO CIRCO, O PALHAÇO SEMPRE FAZ A ALEGRIA DAS CRIANÇAS.

- QUE TAL ENFEITAR ESTE PALHAÇO COM TINTA GUACHE, LANTEJOULA E PURPURINA, PARA DEIXÁ-LO BEM BONITO?

Ilustra Cartoon/Arquivo da editora

MATERIAL DE APOIO

1º ANO

CADERNO DE CRIATIVIDADE E ALEGRIA

Goritza/Shutterstock/Glow Images

editora scipione

O QUE HÁ DE ERRADO NA SALA DE AULA?

JÁ ESTÁ QUASE NA HORA DA AULA, MAS HÁ ALGO ERRADO NA SALA! OBSERVE AS DUAS CENAS E CIRCULE NA CENA DE BAIXO CINCO DIFERENÇAS QUE EXISTEM ENTRE ELAS.

Ilustrações: Ilustra Cartoon/Arquivo da editora

CASAS DE PAPEL

DESTAQUE AS MORADIAS DESTA PÁGINA E DA PÁGINA 5, MONTE-AS E ENCENE UMA HISTÓRIA SOBRE AS PESSOAS QUE VIVEM NELAS.

CASA TÉRREA

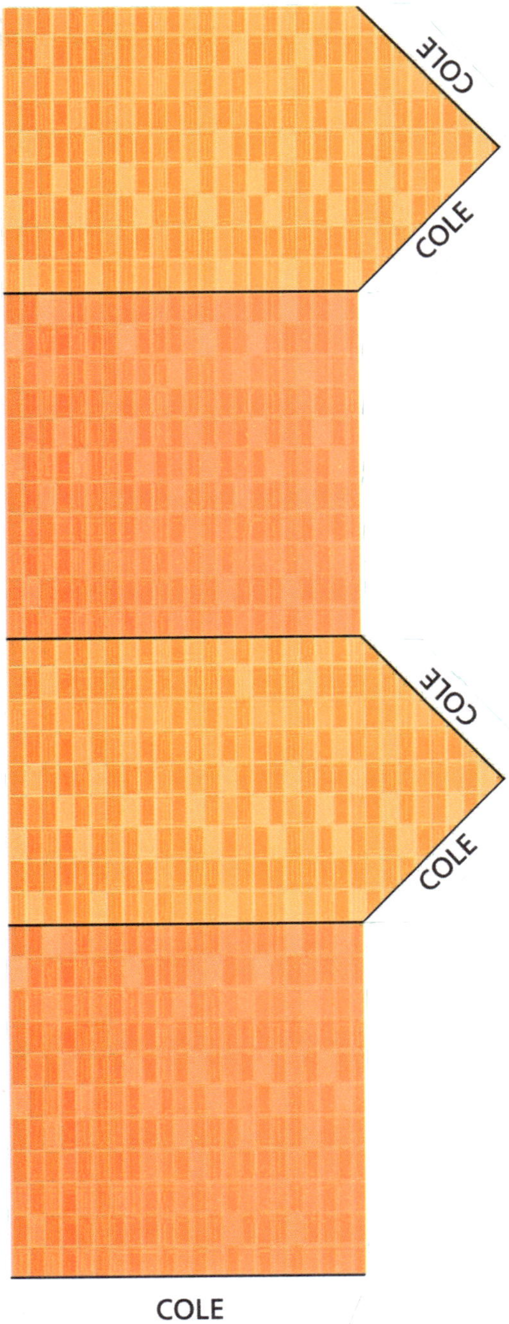

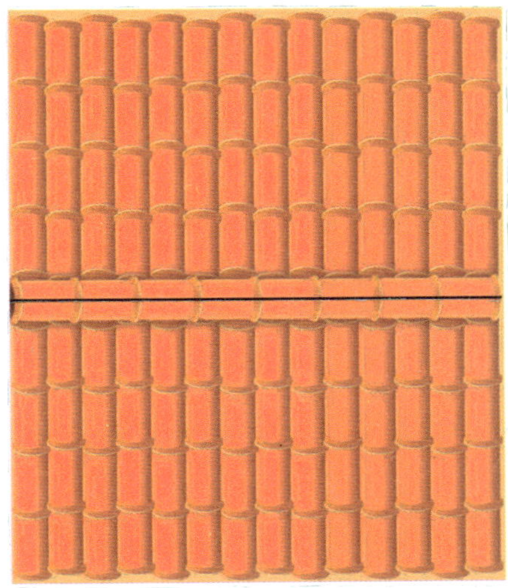

Ilustrações: Ilustra Cartoon/Arquivo da editora

PRÉDIO

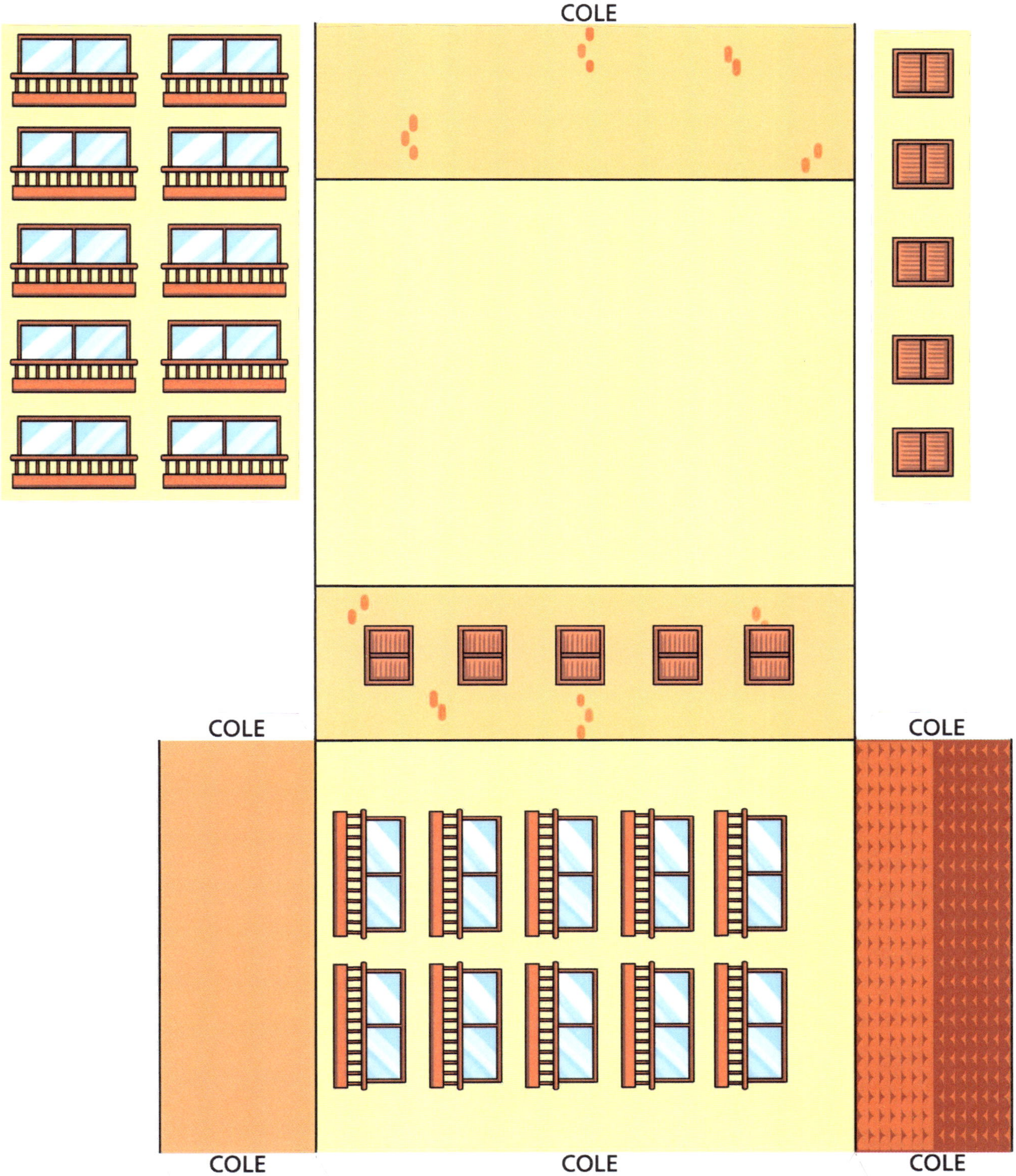

Ilustra Cartoon/Arquivo da editora

BRINCANDO COM AS DIFERENÇAS

CADA UM DE NÓS É DE UM JEITO DIFERENTE. CADA UM TEM UMA COR, UM ROSTO, UM CORPO E UMA PERSONALIDADE PRÓPRIA. MAS TUDO PODE SER MAIS DIVERTIDO QUANDO MISTURAMOS JEITOS DIFERENTES. DESTAQUE AS PARTES DOS CORPOS A SEGUIR E BRINQUE DE MONTAR PERSONAGENS NOVOS.

Ilustrações: Ilustra Cartoon/Arquivo da editora

Ilustrações: Ilustra Cartoon/Arquivo da editora

MONTANDO FAMÍLIAS

DESTAQUE OS PERSONAGENS A SEGUIR E ORGANIZE-OS EM QUANTAS FAMÍLIAS VOCÊ QUISER. LEMBRE-SE DE QUE AS FAMÍLIAS PODEM SER MUITO DIFERENTES ENTRE SI.

DOBRE AQUI

DOBRE AQUI

DOBRE AQUI

DOBRE AQUI

DOBRE AQUI

DOBRE AQUI

Ilustrações: Ilustra Cartoon/Arquivo da editora

DOBRE AQUI

DOBRE AQUI

DOBRE AQUI

DOBRE AQUI

DOBRE AQUI

DOBRE AQUI

DOBRE AQUI

DOBRE AQUI

Ilustrações: Ilustra Cartoon/Arquivo da editora

DOBRE AQUI

DOBRE AQUI

DOBRE AQUI

DOBRE AQUI

DOBRE AQUI

DOBRE AQUI

DOBRE AQUI

DOBRE AQUI

Ilustrações: Ilustra Cartoon/Arquivo da editora

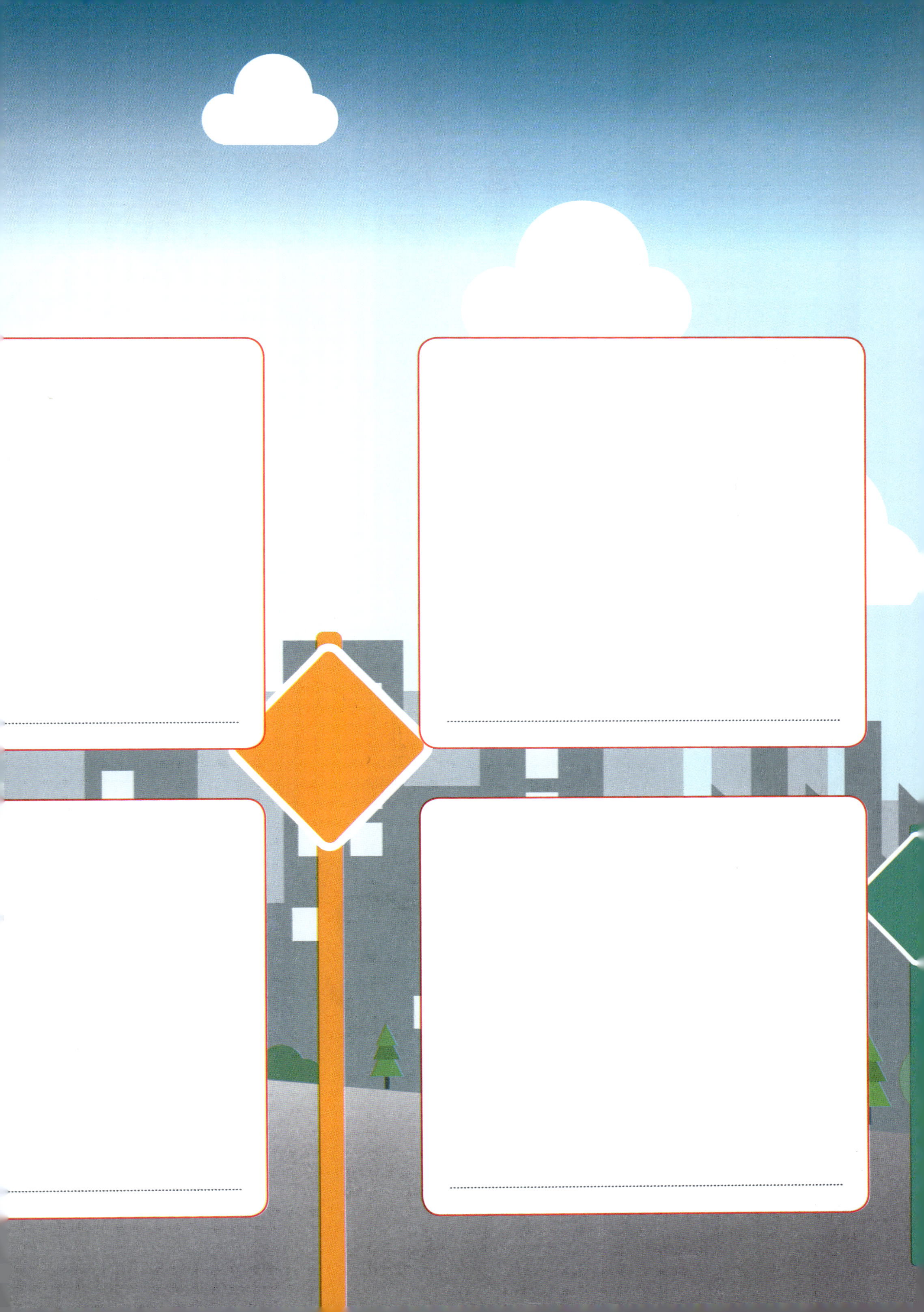

SINAIS DE TRÂNSITO

Delfim Martins/Pulsar Imagens

EM ALGUMAS REGIÕES DO BRASIL, O SEMÁFORO É CONHECIDO TAMBÉM COMO **FAROL** OU **SINALEIRA**, E CONTROLA A MOVIMENTAÇÃO DE VEÍCULOS E DE PEDESTRES NAS RUAS.

MAIS À FRENTE, PASSAGEM SINALIZADA DE PEDESTRES. CUIDADO!

F
SEL
PISTA

P

AS PLACAS DE C
IDENTIFICAM **VI**
DE INTERESSE,
TURÍSTICOS, E C
USUÁRIOS DES

PLACAS VERMELHAS COMO ESTAS INFORMAM **CONDIÇÕES**, **PROIBIÇÕES**, **OBRIGAÇÕES** OU **RESTRIÇÕES** NO USO DAS VIAS URBANAS E RURAIS.

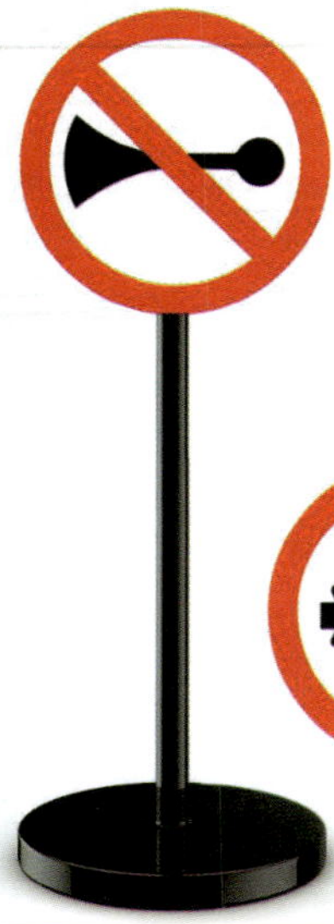

PROIBIDO BUZINAR NESTE LOCAL.

CICLISTA, TRANSITAR OBRIGATORIAMENTE PELO LADO DIREITO DA VIA.

ZOOLÓGICO NA REGIÃO.

Alex Almeida/Folhapress

Ilustrações: Ilustra Cartoon/Arquivo da editora

SINAIS DE TRÂNSITO

O VAIVÉM DE PESSOAS PODE CAUSAR ACIDENTES, COMO ESBARRÕES E COLISÕES. QUE TAL CRIAR SINAIS DE TRÂNSITO PARA EVITÁ-LOS NA ESCOLA? UTILIZE OS ESPAÇOS A SEGUIR PARA DESENHAR OS SINAIS. DEPOIS, DÊ UM NOME A ELES.

MATERIAL DE APOIO

1º ANO

CADERNO DE MAPAS

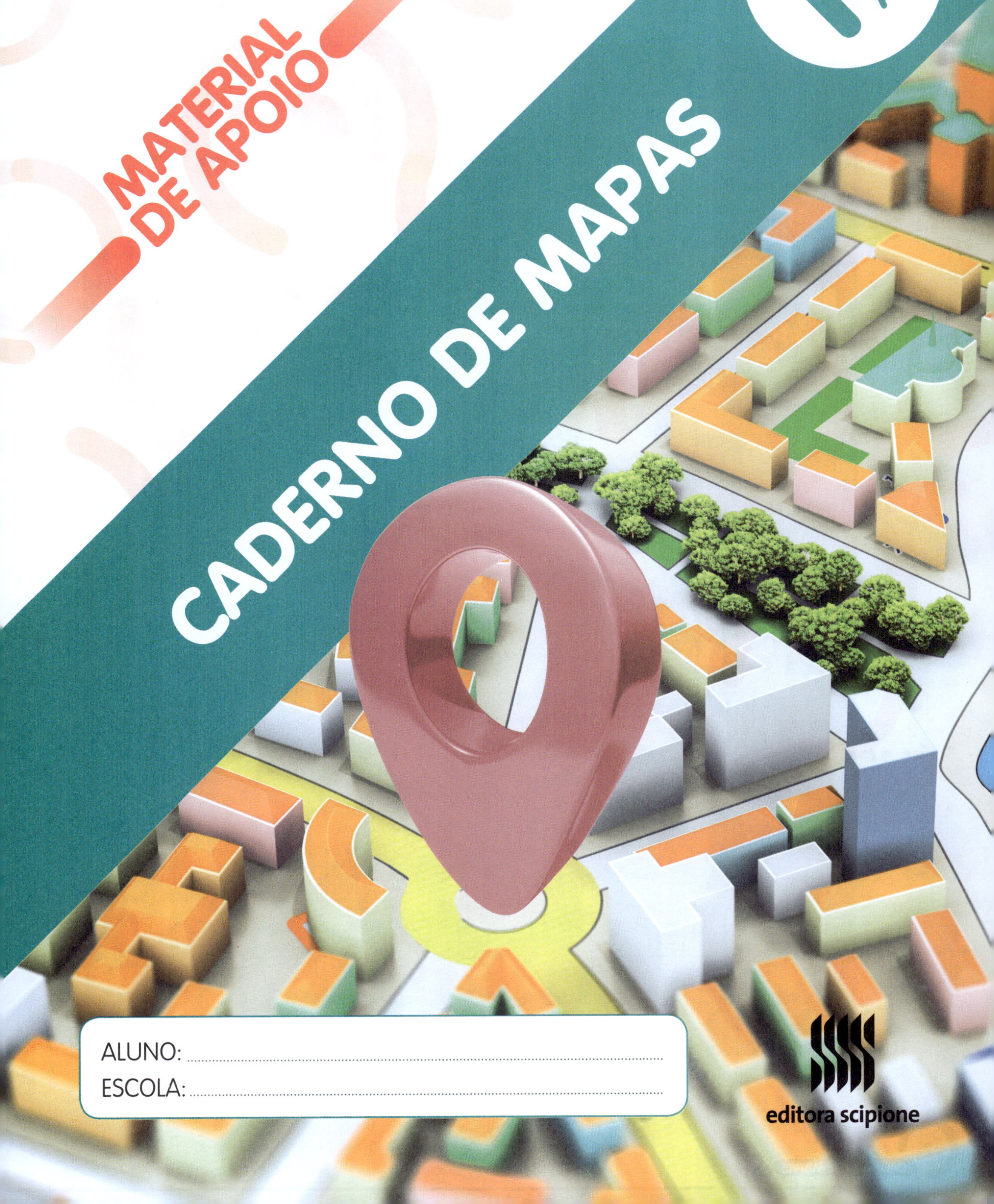

ALUNO: ....

ESCOLA: ....

editora scipione

REPRESENTAÇÃO

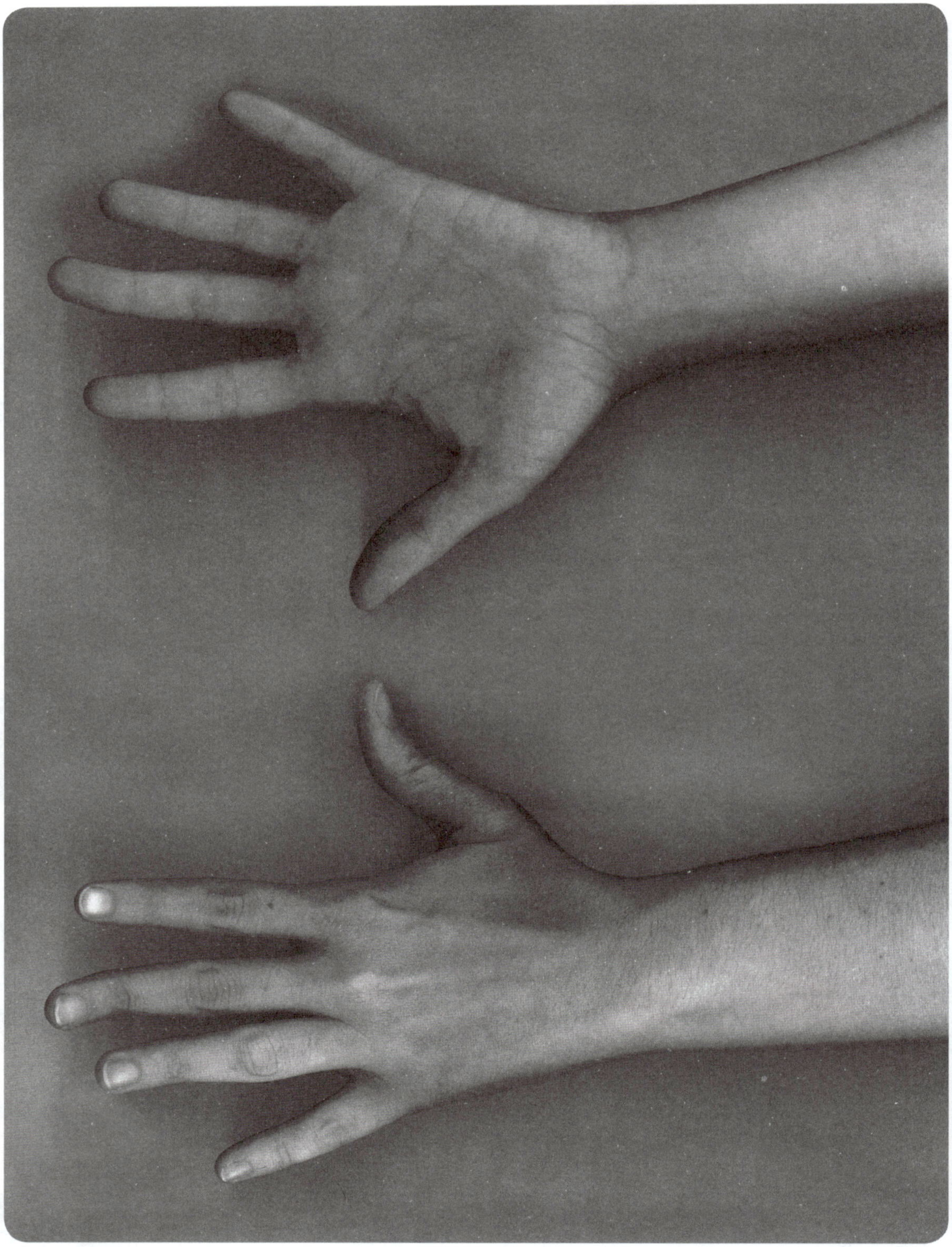

1 RESPONDA:

A) ALGO FOI COPIADO EM UMA MÁQUINA COPIADORA. VOCÊ CONSEGUE IDENTIFICAR O QUE FOI?

○ NARIZ ○ MÃO ○ JOELHO

B) ESSA CÓPIA SUBSTITUI AS MÃOS DA PESSOA? TODOS OS DETALHES DAS MÃOS PODEM SER OBSERVADOS NA IMAGEM?

2 DESENHE, NO ESPAÇO ABAIXO, O ROSTO DE UM COLEGA. VOCÊ PODE UTILIZAR O MATERIAL QUE QUISER.

A) VOCÊ REPRESENTOU EM SEU DESENHO TODOS OS DETALHES DO ROSTO DO COLEGA?

B) COMO FEZ A SELEÇÃO DO QUE SERIA REPRESENTADO? O QUE FICOU DE FORA?

OBSERVE AS FOTOS ABAIXO E FAÇA O QUE SE PEDE NA PÁGINA AO LADO.

1

fantom_rd/Shutterstock/Glow Images

2

Timmary/Shutterstock/Glow Images

3

new photo/Shutterstock/Glow Images

4

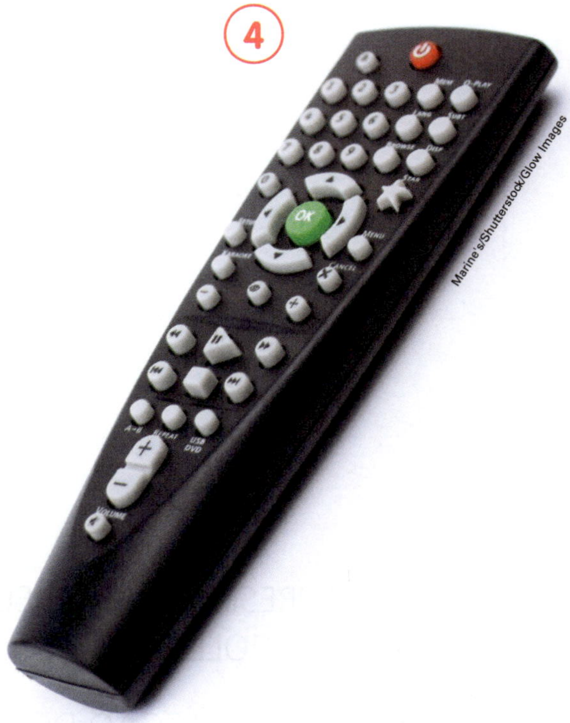

Marine's/Shutterstock/Glow Images

5

Kitch Bain/Shutterstock/Glow Images

- OS OBJETOS DA PÁGINA ANTERIOR FORAM REPRESENTADOS ABAIXO COMO SE FOSSEM VISTOS DE CIMA. INDIQUE O NÚMERO DO OBJETO A QUE CORRESPONDE CADA REPRESENTAÇÃO.

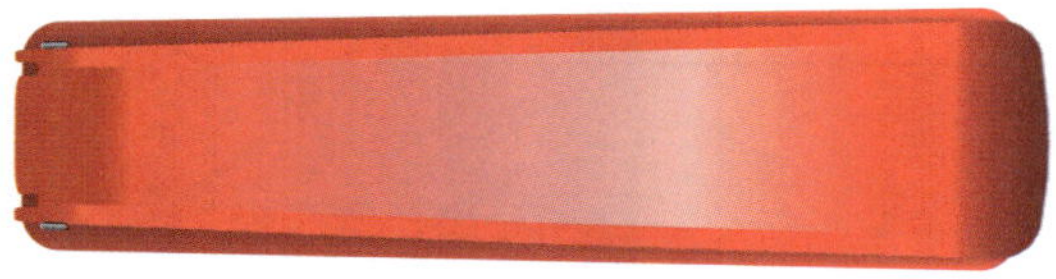

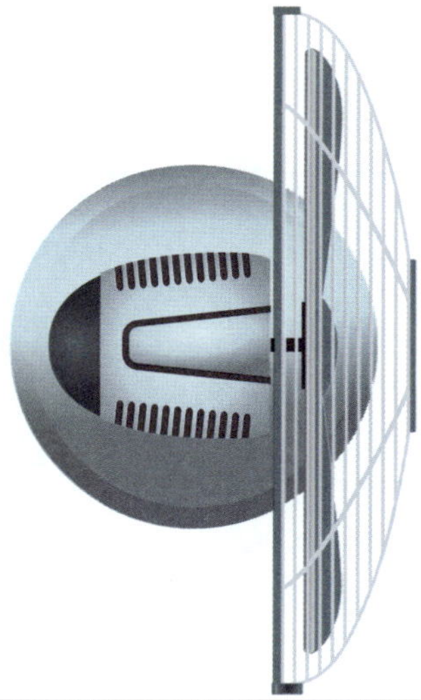

Ilustrações: Douglas Galindo/Arquivo da editora

OBSERVE A FOTO DE UM APONTADOR DE LÁPIS. EM SEGUIDA, FAÇA O QUE SE PEDE NA PÁGINA AO LADO.

goir/Shutterstock/Glow Images

- DESENHE O APONTADOR NO ESPAÇO ABAIXO. PROCURE REPRESENTAR O MÁXIMO DE DETALHES QUE CONSEGUIR. O QUADRICULADO VAI AJUDÁ-LO NESSA TAREFA.

A) COMPARE AS DUAS REPRESENTAÇÕES: QUAIS SÃO AS PRINCIPAIS DIFERENÇAS ENTRE ELAS?

B) VOCÊ TEVE DIFICULDADES EM REPRESENTAR OS DETALHES DO APONTADOR? POR QUÊ?

A IMAGEM ABAIXO MOSTRA ALGUNS OBJETOS UTILIZADOS NO DIA A DIA. OBSERVE-OS E FAÇA A ATIVIDADE DA PÁGINA AO LADO.

Paul Michael Hughes/Shutterstock/Glow Images

- SOBRE ESSES OBJETOS, RESPONDA:

A) ONDE ELES COSTUMAM SER UTILIZADOS?

....

....

B) QUAL DOS SÍMBOLOS A SEGUIR PODE REPRESENTÁ-LOS?

( )

Vector/Shutterstock/Glow Images

( )

Flat Design/Shutterstock/Glow Images

( )

Bryan Solomon/Shutterstock/Glow Images

( )

In-Finity/Shutterstock/Glow Images

OBSERVE AS FOTOGRAFIAS ABAIXO E FAÇA O QUE SE PEDE NA PÁGINA SEGUINTE.

1

Luciana Whitaker/Pulsar Imagens

TREM NA ESTAÇÃO MADUREIRA, NO RIO DE JANEIRO (RJ), 2013.

2

Gerson Gerloff/Pulsar Imagens

ESCOLA MARIA SEGGIARO HOFFMANN, EM SÃO NICOLAU (RS), 2012.

3

Gerson Gerloff/Pulsar Imagens

RUA DE COMÉRCIO EM SANTANA DO LIVRAMENTO (RS), 2014.

1 NUMERE OS SÍMBOLOS ABAIXO DE ACORDO COM A CORRESPONDÊNCIA QUE ELES FAZEM AOS ELEMENTOS MOSTRADOS EM CADA FOTOGRAFIA.

eatcute/Shutterstock/Glow Images

Dacian G/Shutterstock/Glow Images

2 DESENHE O SÍMBOLO QUE FALTA.

ORIENTAÇÃO

Douglas Galindo/Arquivo da editora

- QUEM DORME NESTES QUARTOS?

Elena Elisseeva/Shutterstock/Glow Images

....

Photographee.eu/Shutterstock/Glow Images

....

A IMAGEM ABAIXO MOSTRA A MAQUETE DE UMA SALA DE AULA. OBSERVE-A E FAÇA O QUE SE PEDE NA PÁGINA AO LADO.

Fernando Favoretto/Criar Imagem

- QUEM JOSÉ VÊ A SUA FRENTE, A SUA ESQUERDA E A SUA DIREITA?

Ilustrações: Douglas Galindo/Arquivo da editora

QUEM JOSÉ VÊ A SUA DIREITA?

....

QUEM JOSÉ VÊ A SUA ESQUERDA?

....

QUEM JOSÉ VÊ A SUA FRENTE?

....

SUGESTÕES DE VÍDEOS

CHICO NA ILHA DOS JURUBEBAS

<HTTP://TVESCOLA.MEC.GOV.BR/TVE/VIDEO/CHICO-NA-ILHA-DOS-JURUBEBAS-O-MAPA-DA-ILHA>

CHICO QUER DESENHAR O MAPA DA ILHA DOS JURUBEBAS, MAS NÃO SE LEMBRA DE TUDO QUE HÁ LÁ. ELE DECIDE ENTÃO VISITÁ-LA E VIVE UMA GRANDE AVENTURA.

ESTRELA DE OITO PONTAS

<HTTP://PORTACURTAS.ORG.BR/CURTANAESCOLA/FILME/?NAME=ESTRELA_DE_OITO_PONTAS>

OS DESENHOS PODEM SER SÍMBOLOS DIFÍCEIS DE INTERPRETAR. OU TER MUITAS INTERPRETAÇÕES!

I-KOO E O TAPETE MÁGICO

<HTTP://TVESCOLA.MEC.GOV.BR/TVE/VIDEO/AS-AVENTURAS-DO-PRINCIPE-I-KOO-I-KOO-E-O-TAPETE-MAGICO>

BB E I-KOO TÊM EM MÃOS UM MAPA QUE PODE LEVÁ-LOS ATÉ UMA LOJA DE BRINQUEDOS. PARA CHEGAR LÁ, ELES CONTAM COM A AJUDA DE UM TAPETE MÁGICO.

MARIA FLOR

<HTTP://PORTACURTAS.ORG.BR/CURTANAESCOLA/FILME/?NAME=MARIA_FLOR>

A LINDA HISTÓRIA DA MARIA FLOR É CONTADA POR MEIO DE SÍMBOLOS E CORES.